AF388979

LE DISTRAIT,

COMEDIE.

A PARIS,

Chez PIERRE RIBOU, à la dé-
cente du Pont-Neuf, prés-les Au-
gustins, à l'Image S. Loüis.

M. DC. XCVIII.
Avec Privilege du Roi.

ACTEURS.

LEANDRE, Distrait.

CLARICE, Amante de Leandre.

MADAME GROGNAC.

ISABELLE, Fille de Madame Grognac.

LE CHEVALIER, Frere de Clarice &
Amant d'Isabelle.

VALERE, Oncle de Clarice & du Chevalier.

LISETTE, Servante d'Isabelle.

CARLIN, Valet de Leandre.

POITEVIN.

*La Scene est à Paris dans une Maison
comune.*

LE
DISTRAIT,
COMEDIE.

ACTE I.

SCENE PREMIERE.

VALERE, MADAME GROGNAC.

VALERE.

Uoi toujours opposée à toute une famille ?

Me GROGNAC.

Ouï.

VALERE.

Vous ne voulez point marier vôtre Fille ?

A

Me GROGNAC.
Non.

VALERE,
Quand on vous en parle, on vous met en
couroux.

Me GROGNAC.
Ouï.

VALERE.
Vous ne prendrez point des sentimens plus
doux ?

Me GROGNAC.
Non.
VALERE.
Fort bien, non, ouï, non, beau discours,
vos repliques
Me paroissent, pour moi, tout-à-fait laconiques,
Mais pour mieux raisonner avec vous là-dessus,
Et pour rendre un moment le discours plus diffus,
Dites-moi, s'il vous plaît, la veritable cause
Qui vous fait rejetter les Partis qu'on propose.
Ce fameux Partisan, par exemple, pourquoi....

Me GROGNAC.
Eh fy, Monsieur, fy donc, vous radotez, je croi :
Il est trop riche.

VALERE.
Ah, ah, nouvelle est la maxime !
Me GROGNAC.
Gagne-t'on en cinq ans un million sans crime ?
Je hais ces Fort-vêtus, qui malgré tout leur bien;
Sont un jour quelque chose, & le lendemain rien.
VALERE.
Et ce jeune Marquis, cet homme d'importance ?
Vous ne lui pouvez pas reprocher sa naissance,
Il a les airs de Cour par le haut, chante, rit,
Il est bien fait, il a du cœur & de l'esprit.

Me GROGNAC.

Il est trop gueux.

VALERE.

Fort bien, la réponse est honneste,
Et vous avez toujours quelque défaite preste.
Il s'offre deux Partis, vous les chassez tous deux.
Le premier est trop riche, & le second trop gueux.
Dans vos brusques humeurs je ne puis vous com-
    prendre ;
Comment prétendez – vous que soit fait vôtre
    Gendre ?

Me GROGNAC.

Je prétens qu'il soit fait comme on n'en trouve
    point ;
Qu'il soit posé, discret, accompli de tout point ;
Qu'il ayt avec du bien, une honeste naissance ;
Qu'il ne fasse point voir ces traits de petulance,
Ces actions de fou, ces airs évaporez
Digues productions des cerveaux mal timbrez ;
Qu'il ait auprés du Sexe un peu de politesse ;
Qu'il mêle à ses discours certain air de sagesse ;
Qu'il ne soit point enfin, pour tout dire de lui,
Comme les jeunes gens que je vois aujourd'hui.

VALERE.

Cet homme à rencontrer sera tres-difficile,
Et si vous le trouvez, je vous tiens fort habile.
Vous nous en faites voir un rare & beau portrait,
Et si vous ne voulez de Gendre qu'ainsi fait,
Quoiqu'Isablle soit & riche, & de famille,
Elle court grand hazard de vivre & mourir fille.

Me GROGNAC.

Non ; Leandre est l'Epoux que je veux lui donner.

VALERE.

Leandre !

Me GROGNAC.

Ce Parti semble vous étonner;
Mais c'est un fait, Monsieur, dont peu je me soucie,
Et je le trouve moi, selon ma fantaisie.
Je sçai bien qu'à parler de lui sans passion,
Il est particulier en sa distraction,
Il répond rarement à ce qu'on lui propose,
On ne le voit jamais à lui dans nulle chose;
Mais ce n'est pas un crime enfin d'être ainsi fait,
On peut être à mon sens homme sage & discret.

VALERE.

Je croyois, à parler aussi sans artifice,
Qu'il avoit quelque goût pour ma Niéce Clarice.

Me GROGNAC.

Oh bien je vous apprens que vous vous abusiez,
Et pour vous détromper, il faut que vous sçachiez
Que je suis dés long-temps liée à sa Famille,
Et que pour m'engager à lui donner ma Fille,
L'Oncle dont il attend sa fortune & son bien,
D'un dédit mutuel cimenta ce lien,
Leandre est allé voir cet Oncle à l'agonie,
Et j'attens son retour pour la cérémonie.
Si je n'avois en veuë un tel engagement,
Il n'auroit pas chez moi pris un appartement.
Vous qui logez ceans avec vôtre niéce,
Vous êtes tous les jours témoin de sa tendresse.

VALERE.

Mais m'assurez-vous que Leandre en son cœur,
Malgré vôtre dédit n'ait point une autre ardeur,
Et que d'une autre part vôtre fille Isabelle
A vos intentions n'ait pas un cœur rebelle;

Me GROGNAC.

Leandre aime ma fille, & ma fille fera,
Lorsque j'aurai parlé, tout ce qu'il me plaira.

C'eſt une fille ſimple, à mes deſirs ſujette,
Et je vordrois bien voir qu'elle eût quelque amou-
     rette.

VALERE.

Il faut que ſur ce point nous la faſſions parler,
Son cœur s'expliquera ſans rien diſſimuler.

Me GROGNAC.

D'accord. Liſette, ho là. Liſette. De la vie
On ne vit dans Paris femme ſi mal ſervie.
Liſette.

SCENE II.

LISETTE, Me GROGNAC, VALERE.

LISETTE.

HE' bien, Liſette. Eſt-ce fait ? me
     voilà.

Me GROGNAC.

Que fait ma fille ?

LISETTE.

               Quoi, ce n'eſt que pour cela !
Vous avez bonne voix ; quel bruit ! à vous entendre
J'ai crû qu'à la maiſon le feu venoit de prendre.

Me GROGNAC,

Vous plairoit-il vous taire, & finir vos diſcours ?

LISETTE.

Oh, vous grondez ſans ceſſe.

Me GROGNAC.

                    Et vous parlez toujours !

Répondez seulement à ce que l'on souhaite,
Que fait ma fille ?

LISETTE.

Elle est, Madame, à sa toillette.

Me GROGNAC.

Toujours à sa toillette, & devant un miroir,
Voilà tout son ènmploi du matin jusqu'au soir.

LISETTE.

Vous parlez bien à l'aise avec vôtre censure,
Il m'a fallu trois fois réformer sa coëfure.
Nous avons toutes deux enragé tout le jour
Contre un maudit crochet qui prenoit mal son
    tour.

Me GROGNAC.

Belle occupation vraîment ! qu'elle descende.
Dites-lui de ma part qu'ici je la demande.

LISETTE.

Je vais vous l'amener.

SCENE III.

VALERE, Me GROGNAC.

VALERE.

N'Allez pas la gronder,
Ni par vôtre air severe ici l'intimider.

Me GROGNAC.

Mon Dieu, je sçais assez comme il faut se con-
    duire,
Et je ne dirai rien que ce qu'il faudra dire.

COMEDIE.

La voilà. Vous verrez quels sont ses sentimens.
Venez, Mademoiselle, & saluez les gens.

SCENE IV.

ISABELLE, LISETTE, Me GROGNAC,
VALERE.

Isabelle fait la révérence.

Me GROGNAC.

Plus bas. Encore plus bas. O Ciel, quelle
    ignorance !
Ne sçavoir pas encore faire la révérence
Depuis trois ans, & plus qu'elle apprend à danser !

LISETTE.

Son Maître tous les jours vient pourtant l'exercer;
Mais que peut-on apprendre en trois ans ?

Me GROGNAC.

                    A se taire.

LISETTE.

Elle a bien aujourd'hui l'esprit attrabilaire.
Nous attendons encor un Maître Italien
Qui doit venir tantôt :

Me GROGNAC.

               Je vous le deffens bien,
Je ne veux point chez moi gens de cette sequelle,
Ce sont Courtiers d'amour pour une Demoiselle.
Levez la tête ; encor. Soyez droite, approchez.
Faut-il tendre toujours le dos quand vous marchez?

8   LE DISTRIAT,
Presentez mieux la gorge , & baissez cette épaule.
                    LISETTE.
C'est du soir au matin un éternel contrôle.
                Me GROGNAC.
Avancez , s'il vous plaît , & répondez à tout :
Parlez , le mariage est-il de vôtre goût ?
Isabelle rit.

                    VALERE.
Elle rit. Bon , tant mieux, j'en tire un bon augure,
                    LISETTE.
Voilà ce qui s'appelle un ris d'aprés nature.
                Me GROGNAC.
Quoi vous avez le front de rire , & devant nous ?
Vous ne rougissez pas quand on parle d'époux ?
                  ISABELLE.
J'ignorois qu'une fille au mot de mariage
D'une prompte rougeur dût couvrir son visage.
Je dois vous obéïr , & quand je l'entendrai ,
Puisque vous le voulez , d'abord je rougirai.
                    LISETTE.
Quel heureux naturel !
                Me GROGNAC.
                  Les Epoux sont bizates ,
Brutaux , capricieux , imperieux , avares.
On devroit s'en passer , si l'on avoit bon sens.
                  ISABELLE.
N'étoient-ils pas ainsi tous faits de vôtre temps ?
Vous n'avez pas laissé d'en prendre un étant fille:
                Me GROGNAC.
Vous êtes dans l'erreur. Rodillard de Choupille
Noble au bec de corbin , grand Gruyer de Bery ,
Et qui fut vôtre Pere , étant bien mon Mary,
M'enleva malgré moi : Sans cela , de ma vie
De me donner un maître il ne m'eut prit envie.

COMEDIE.

LISETTE.
La même chose un jour pourra nous arriver.
ISABELLE.
On ne fait donc point mal à se faire enlever ?
Me GROGNAC.
Hé bien, vit-on jamais un esprit plus reptile.
Puis-je avoir jamais fait une telle imbecile ?
C'est une grosse bête, & qui n'est propre à rien.
LISETTE.
Elle est bien vôtre fille, & vous ressemble bien.
Me GROGNAC.
Euh ? plaist-il ?
LISETTE.
    Vous m'avez ordonné le silence.
Me. GROGNAC.
Vous pouriez à la fin lasser ma patience.
VALERE.
Je veux plus doucement la sonder sur ce point.
Voulez-vous un Mari ?
ISABELLE.
      Je n'en demande point,
Mais s'il s'en rencontroit quelqu'un qui pût me
   plaire,
Je pourois l'accepter ainsi qu'a fait ma mere,
Me GROGNAC.
Comment donc !
VALERE.
    Avec elle agissons sans aigreur.
Ça, dites-moi, quelqu'un vous tiendroit-il au
   cœur?
ISABELLE.
Ah !
LISETTE.
   Bon, courage,

VALERE.
Allons , parlez-nous fans rien craindre.
ISABELLE
Je fens, lorfque je vois un petit homme à peindre...
VALERE.
Hé bien donc ?
ISABELLE.
Je fens là , je ne fçai quoi qui plaît ;
Mais je ne fçaurois bien vous dire ce que c'eft.
LISETTE.
Oh, je le fçai bien moi. C'eft l'amour qui murmure;
Me GROGNAC.
J'apprens avec plaifir une telle avanture,
Et quel eft, s'il vous plaît, ce jeune adolefcent
Qui vous fait reffentir ce mouvement naiffant.
ISABELLE.
Ah ! fi vous le voyiez , vous l'aimeriez vous-même.
Il me dit tous les jours qu'il m'eftime , qu'il m'ai-
me :
Il pleure quand il veut. Tu fçais comme il eft fait,
Lifette , & tu nous peux en faire le portrait.
LISETTE.
C'eft un petit jeune homme à quatre pieds de terre,
Homme de qualité , qui revient de la guerre ;
Qu'on voit toujours fautant , dançant , gefticu-
lant ;
Qui vous parle en fiflant , & qui fifle en parlant ;
Se peigne, chante , rit , fe promene , s'agite;
Qui décide toujours pour fon propre merite ;
Qui prés du fexe encor vit affez fans façon.
VALERE.
Mais c'eft le Chevalier.
LISETTE.
Vous avez dit fon nom.

Me GROGNAC.

Qui, ce fou ?

VALERE.

S'il n'a pas le bonheur de vous plaire ;
Songez qu'il m'appartient , c'eſt un jeune homme
  à faire...
Il a de la valeur , il eſt bien à la Cour.

Me GROGNAC.

Qu'il s'y tienne.

VALERE.

Il ſera tres-riche quelque jour :
Il peut lui convenir de bien , d'eſprit & d'âge.

ISABELLE.

Il eſt tout fait pour moi , l'on ne peut d'avantage.

Me GROGNAC.

De quel front , s'il vous plaiſt , ſans mon conſente-
  ment
Oſez-vous bien penſer à quelqu'attachement ?
Vous eſtes bien hardie , & bien impertinente.

VALERE.

L'amour du Chevalier pouroit être innocente.

Me GROGNAC.

L'amour du Chevalier n'eſt point du tout mon fait,
J'ai fait pour ſon mari choix d'un autre ſujet,
Le dédit pour Leandre en eſt une aſſurance.
Que vôtre Chevalier cherche une autre alliance,
Je ne l'ai jamais vû , mais on m'en a parlé
Comme d'un petit fat , & d'un écervelé ;
Et je vous deffens moi , de le voir de la vie.

ISABELLE.

Je ne le verrai point , vous ſerez obéïe.
Mes yeux trop curieux n'iront point le chercher ;
Mais lui , s'il me veut voir , puis-je l'en empêcher

Me GROGNAC.

A ces simplicitez qui sortent de sa bouche,
A cet air si naïf, croiroit-on qu'elle y touche?
Mais c'est une eau qui dort dont il faut se garder.

ISABELLE.

Vous êtes avec moi toujours preste à gronder.
Je parois toute sotte alors qu'on me querelle,
Et cela me maigrit.

Me GROGNAC.

Taisez-vous Peronelle.
Rentrez, & là-dedans allez voir si j'y suis.

VALERE.

Si vous vouliez pourtant écouter quelqu'avis?

Me GROGNAC.

Je ne prens point d'avis, je suis indépendante.

VALERE.

Je le sçai, mais....

Me GROGNAC.

Adieu, je suis vôtre servante.

VALERE.

Mais, Madame, entre nous, il est de la raison.....

Me GROGNAC.

Mais, Monsieur, entre nous, quand de vôtre
　　façon
Vous aurez, s'il se peut encor, garçon ou fille,
Je n'irai point chez vous regler vôtre famille:
De vos enfans alors vous pourez disposer
Tout à vôtre plaisir, sans que j'aille y gloser.
Allons vîte, rentrez. Faites ce qu'on ordonne.

SCENE

SCENE V.

VALERE, LISETTE.

LISETTE.

LA, Madame Grognac a l'humeur heriſſone,
Et je ne vois pas moi, ſon eſprit ſe porter
A l'hymen que tantôt vous vouliez contracter.

VALERE.

J'avois deſſein de faire une double alliance,
Mais ce dé lit fâcheux étourdit ma prudence.
Leandre a pour Clarice un penchant dans le cœur,
Et ſi pour Iſabelle il a feint quelque ardeur,
C'étoit pour obéïr à la voix importune
D'un Oncle fort âgé, dont dépend ſa fortune,

LISETTE.

La mere d'Iſabelle eſt un diable en procés :
Je crains que nôtre amour n'ait un mauvais ſuccés.

VALERE.

Le temps & la raiſon la changeront peut-être,
Et mon neveu poura . . . . . mais je le vois paroître.

SCENE VI.

LE CHEVALIER, VALERE, LISETT

LE CHEVALIER *riant.*

BOn jour, mon oncle. Ah ah, Lisette, te voilà.
Je ne veux de ma vie oublier celui-là, a a a.

LISETTE.

Faites-nous, s'il vous plaît, la grace de nous dire
Le sujet si plaisant qui vous excite à rire.

LE CHEVALIER.

Oh parbleu, si je ris ce n'est pas sans sujet,
Leandre, ce resveur, cet homme si distrait
Vient d'arriver en poste ici couvert de crotte :
Le bon est qu'en courant il a perdu sa botte,
Et que marchant toujours, enfin il s'est trouvé
Une botte de moins quand il est arrivé.

LISETTE.

De ces distractions il est assez capable.

LE CHEVALIER.

L'avanture est comique, ou je me donne au diable;
Mais ce n'est rien encor, & son valet m'a dit,
Je le crois aisement, que le jour qu'il partit
Pour aller voir mourir son oncle en Normandie,
Il suivit le chemin qui mene en Picardie,
Et ne s'aperçut point de sa distraction
Que quand il découvrit les clochers de Noyon.

LISETTE.

Il a pris le plus long pour faire sa visite.

LE CHEVALIER.

Fussiez-vous descendu du lugubre Heraclite
De pere en fils, parbleu vous rirez de ce trait ;
Vous faites le Caton, riez donc tout-à-fait,
Mon oncle, allons, gai, gai, vous avez l'air sau-
    vage.

VALERE.

Vous, n'aurez-vous jamais celui d'un homme sage?
Faudra-t'il qu'en tous lieux vos airs extravagans,
Vos ris immoderez donnent à rire aux gens?

LE CHEVALIER.

Si quelqu'un rit de moi, moi je ris de bien d'autres.
Vous condamnez mes airs, & je blâme les vôtres,
Et dans ce beau conflit ce que je trouve bon,
C'est que nous prétendons avoir tous deux raison.
Pour moi, je n'ai pas tort : Il faut bien que je rie
De tout ce que je vois tous les jours dans la vie.
Cette vieille qui va marchander des galants
Comme un autre feroit du drap chez les Mar-
    chands ;
Cydalise, qu'on sçait avoir l'ame si bonne,
Qu'elle aime tout le monde, & ne conduit person-
    ne ;
Lucinde, qui pour rendre un adieu plus touchant,
Jusques sur la frontiere accompagne un amant,
Ne sont pas des sujets qui doivent faire rire ?
Parbleu vous vous mocquez.

VALERE.

                    Hé bien vôtre satyre
S'exerce-t'elle assez ? D'un trait envenimé
Toujours l'honneur du sexe est par vous entamé.

Celles dont vous vantez mille faveurs receuës,
De vos jours, bien souvent vous ne les avez veuës.
Sur ce cruel deffaut ne changerez-vous point ?

LE CHEVALIER *fait deux ou trois*
pas de balet.

Il ne prêche pas mal. Passez au second point,
Je suis déja charmé. Que dis-tu de ma dance,
Lisette ?

LISETTE.
Vous dancez tout-à-fait en cadance.

VALERE.
Vous vous faites honneur d'être un franc libertin ;
Vous mettez vôtre gloire à tenir bien du vin,
Et lorsque tout fumant d'une vineuse haleine,
Sur vos pieds chancelans vous vous tenez à peine,
Sur un théâtre alors vous venez vous montrer.
Là, parmi vos pareils on vous voit folâtrer.
Vous allez vous baiser comme des Demoiselles ;
Et pour vous faire voir jusques sur les chandelles,
Poussant l'un heurtant l'autre, & contant vos ex-
ploits,
Plus haut que les acteurs vous élevez la voix ;
Et tout Paris témoin de vos traits de folie,
Rit plus cent fois de vous que de la Comedie.

LE CHEVALIER.

Vôtre troisiéme point sera-t'il le plus fort ?
Soyez bref en tout cas, car Lisette s'endort,
Moi, je bâille déja.

VALERE.
Moi, vôtre train de vie
Cent fois bien autrement, & me lasse & m'ennuie,
Et je serai contraint de faire à vôtre sœur
Le bien que je voulois faire en vôtre faveur.

Vôtre pere en mourant, ainſi que vôtre mere,
Vous laiſſerent de bien une ſomme legere ;
Et pour vous établir le reſte de vos jours,
Vous devez de moi ſeul attendre du ſecours.

LE CHEVALIER.

Mais que fais-je donc tant, Monſieur, ne vous
     déplaiſe,
Pour trouver ma conduite à tel excés mauvaiſe ?
J'aime, je bois, je joüe, & ne vois en cela
Rien qui puiſſe attirer ces réprimandes-là :
Je me léve fort tard, & je donne audiance
A tous mes creanciers.

LISETTE.

               Ouï, mais en recompenſe
Vous donnez peu d'argent.

LE CHEVALIER.

                    De là je pars ſans bruit
Quand le jour diminue & fait place à la nuit,
Avec quelques amis, & nombre de bouteilles
Que nous faiſons porter pour adoucir nos veilles
Chez des femmes de bien, dont l'honneur eſt en—
     tier,
Et qui de leur vertu parfument le quartier.
Là nous perçons la nuit d'une ardeur ſans égale,
Nous ſortons au grand jour pour ôter tout ſcan—
     dale,
Et chacun en bon ordre auſſi ſage que moi,
Sans bruit au petit pas ſe retire chez ſoi.
Cette vie innocente eſt-elle condamnée ?
Ne faire qu'un repas dans toute une journée.
Un malade entre nous ſe conduiroit-il mieux ?

LISETTE.

Vous êtes trop réglé.

                         B iij

58   LE DISTRAIT,
LE CHEVALIER.
                      Voyez-le par vos yeux :
Nous sommes cinq amis que la joye accompagne,
Qui travaillons ce soir en bon vin de Champagne ;
Vous serez le sixiéme, & vous payerez pour nous,
Car à cinq Chevaliers en nous cottisant tous,
Et ramassant écus , livres , deniers , oboles ,
Nous n'avons encor pû faire que deux pistoles.
LISETTE.
Heureux le cabaret , Monsieur , qui vous attend.
Vous voilà cinq Seigneurs bien en argent com-
    ptant.
VALERE.
Mais n'êtes-vous pas fou . . . . .
LE CHEVALIER.
                      A props de folie ,
Sçavez-vous que dans peu , Monsieur , je me
    marie ?
       à Lisette.
Comment gouvernes-tu cet objet de mes vœux ?
LISETTE.
Monsieur . . . .
LE CHEVALIER.
       S'apprefte-t'elle à couronner mes feux ?
C'est un petit bijou que toute sa personne ,
Que je veux mettre en œuvre, & que j'affectionne,
Elle est jeune , elle est riche , & de la teste aux
    pieds
Vous en seriez charmé , si vous la connoissiez.

VALERE.
Je la connois , mais vous , connoissez-vous sa
    mere ?
Elle ne pretend pas songer à cette affaire.

LE CHEVALIER.

Deux fois.
Elle ne pretend pas. Il faut que nous voyions
Qui des deux doit avoir quelques prétentions.
Elle ne pretend pas ; parbleu le mot me touche ,
Je veux apprivoiser cet animal farouche.

LISETTE.

L'apprivoiser, Monsieur, vous perdez vôtre temps ,
Et vous prendrez plûtôt la lune avec les dents.

LE CHEVALIER.

Nous allons voir , suy-moi.

VALERE.

Eh doucement ; de grace
Rallentissez un peu cette amoureuse audace.
A vous voir, on vous croit partir pour un assaut ,
Et chez les gens ainsi s'en va-t'on de plein saut ?

LE CHEVALIER.

Elle ne pretend pas. Ah ! vous pouvez lui dire
Que nous sommes instruits comme il faut se con-
    duire ;
Et nous sçavons la régle établie en tel cas.
Je la trouve admirable , elle ne pretend pas .

VALERE.

Je n'épargnerai rien pour la rendre capable
De prendre à vôtre amour un parti convenable :
Vous cependant tâchez avec des airs plus doux,
A meriter le choix qu'on peut faire de vous.

LE CHEVALIER,

J'y penserai , mon oncle.

SCENE VII.

LE CHEVALIER, LISETTE.

LE CHEVALIER.

ADieu. Toi, fine mouche,
Va conter mon amour à l'objet qui me touche :
Une affaire à present m'empêche de le voir.
Je vais tater du vin, dont nous ferons ce soir
Une ample effusion, & cependant, la belle,
Accepte ce baiser de moi pour Isabelle.

Il veut la baiser.

LISETTE.

Modorez les transports de vos convulsions,
Je ne me charge point de vos commissions ;
Donnez-les à quelqu'autre, ou faites-les-vous-mê-
   me.

LE CHEVALIER.

J'adore ta maîtresse, & je sens que je l'aime.
Aussi par contre-coup.

LISETTE.

        Monsieur, retirez-vous,
Vous pouriez me blesser, je crains les contre-
   coups.

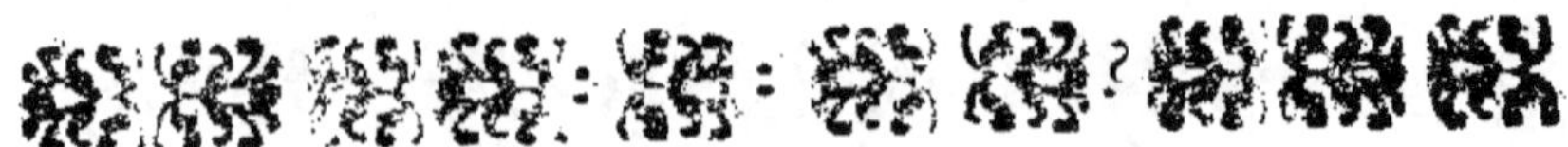

SCENE VIII.

LISETTE *seule.*

QUel amant ! pour raison importante il differe
D'aller voir sa maîtresse ; & quelle est cette
    affaire ?
Il va tâter du vin. Ma foi les jeunes gens,
A ne rien déguiser, aiment bien en ce temps.
Heu ? les femmes déja si souvent attrapées
Seront-elles encor par les hommes dupées ?
Aimera-t'on toujours ces petits vilains-là ?
Maudit soit le premier qui nous enforcela ;
Mais à bon chat bon rat , & ce n'est pas merveille
Si les femmes souvent leur rendent la pareille.

Fin du premier Acte.

ACTE II.

SCENE PREMIERE.

LISETTE, CARLIN,

LISETTE.

VEc plaisir, Carlin, je te vois dans
ces lieux.
CARLIN.
Fraîchement débarqué je parois à tes
yeux,
Et mes chevenx encor sont sous la papillote.

LISETTE.

Hé bien, ton maître enfin a-t'il trouvé sa botte?

CARLIN.

Et qui diable déja t'a conté de ses tours?
LISETTE.
Je sçai tout.

CARLIN.
Il m'en fait bien d'autres tous les jours.
Hier encor en mangeant un œuf sur son assiette,
Il prit sans y songer son doigt pour sa moüillette,

Et se mordit morbleu jusques au sang.
LISETTE.
Je crois,
Qu'il n'y retourna pas une seconde fois.
CARLIN.
Sortant d'une maison l'autre jour par béveuë
Pour son carosse il prit celui qui dans la ruë
Se trouva le premier. Le cocher touche, & croit
Qu'il mene son vrai maître au logis tout droit.
Leandre arrive, il monte, il va rien ne l'arrête ;
Il entre en une chambre où la toillette est prête ;
Où la Dame du lieu, qui ne s'endormoit pas,
Attendoit son époux couchée entre deux draps ;
Il croit être en sa chambre, & d'un air de fran-
    chise,
Assez diligemment il se met en chemise,
Prend la robe de chambre & le bonnet de nuit,
Et bien-tôt il alloit se mettre dans le lit,
Lorsque l'époux arrive. Il tempête, il s'emporte,
Le veut faire sortir, mais non pas par la porte,
Quand mon maître étonné se sauva en ce lieu
Tout en robe de chambre ainsi qu'il plut à Dieu ;
Mais un moment plus tard, pour t'achever mon
    conte,
Le maître du logis en avoit pour son compte.
LISETTE.
Ton récit est charmant, mais raillerie à part,
Dis-moi, qu'avez-vous fait depuis vôtre départ ?
CARLIN.
Nous venons mon enfant de coure un Benefice,
LISETTE.
Un Benefice, toi ?
CARLIN.
Pour te rendre service :

Mais nos soins empreſſez ne nous ont rien valu,
Et le diable a ſur nous jetté ſon dévolu.

LISETTE.

Explique-toi donc mieux.

CARLIN.

Ah ! Liſette, j'enrage,
Nôtre eſpoir dans le port vient de faire naufrage :
Nous croyions heriter du côté maternel
D'un oncle , Ah, Ciel, quel oncle ! il eſt oncle
    éternel.
Nous attendions en paix que ſon ame à toute
    heure
Paſſât de cette vie en une autre meilleure ;
Nous le laiſſions mourir à ſa commodité
Quand un beau jour enfin le Ciel par charité
A fait tomber ſur lui deux ou trois pleureſies,
Qu'eſcortoient en chemin nombre d'apopléxies.
Nous partons auſſi-tôt faiſant par tout florés
Seurs de trouver déja le bon homme *ad patres* :
Mais fol & vain eſpoir ! vermiſſeaux que nous ſom-
    mes !
Comme le Ciel ſe rit des vains projets des hom-
    mes !
Ecoute la noirceur de ce maudit vieillard.

LISETTE.

Vous êtes arrivez ſans doute un peu trop tard.
Et quelqu'autre avant vous . . . .

CARLIN.

Non.

LISETTE.

Il auroit peut-être
En faveur de quelqu'un desherité ton maître ?

CARLIN.

Point.

LISETTE,

LISETTE.

Il a déclaré, se voyant sur sa fin,
Quelqu'enfant provenu d'un hymen clandestin ?

CARLIN.

Non : Il ne fit jamais d'enfants par avarice.

LISETTE.

Parle donc, si tu veux.

CARLIN.

Le vieilard par malice,
Malgré nos vœux ardens n'a pas voulu mourir.

LISETTE.

Le trait est vrayment noir, & ne peut se souffrir.

CARLIN.

Par trois fois de ma main il a pris l'émetique ?
Et je n'en donnois pas une dose modique :
J'y mettois double charge, afin que par mes soins
Le pauvre agonisant en languît un peu moins,
Mais par trois fois le sort injuste, inexorable,
N'a point donné les mains à ce soin charitable,
Et le bon homme enfin à quatre-vingt-neuf ans !
Malgré sa fiévre lente, & ses redoublemens,
Sa fluxion, son rhume, & ses apopléxies,
Son crachement de sang, & ses trois pleuréfies,
Sa goute, sa gravelle, & son prochain convoi
Déja tout préparé, se porte mieux que moi.

LISETTE.

Vôtre course n'a pas produit grand avantage.

CARLIN.

Nous en avons été pour les frais du voyage ;
Mais nous avons laissé Poitevin tout exprés
Pour prendre sur les lieux nos petits interests.
Il doit de temps en temps nous donner des nou-
  velles,
Et nous nous devons conduire par ses avis fidéles.

C

LISETTE.

Sans avoir donc rien fait vous voilà de retour ?
Je vous aplaudis fort ; mais comment va l'amour ?
Ton Maître aime toujours ?

LISETTE.

Cela n'eſt pas croyable.
Je le vois pour Clarice amoureux comme un dia-
  ble ,
C'eſt-à-dire beaucoup ; mais comme il eſt diſtrait
Son eſprit ſe promene encor ſur quelque objet,
Le dédit que ſon oncle a fait pour Iſable
Partage ſon amour , & le tient en cervelle.
Je ſçais que ta Maîtreſſe a de naiſſans appas,
Et ſur tout de grans biens que Clarice n'a pas ;
Mais mon Maître eſt fidelle , & ſon ame eſt paîtrie
De la plus fine fleur de la galanterie :
Il ne reſſemble pas à quantité d'amans,
C'eſt un homme, morbleu, tout plein de ſentimens.

LISETTE.

Mais s'il aime Clarice enſemble & ma Maîtreſſe ,
Que puis-je faire moi , pour ſervir ſa tendreſſe ?
Les épouſera-t'il toutes deux ?

CARLIN.

Pourquoi non ?
Il le fera fort bien dans ſa diſtraction.
C'eſt un homme étonant , & rare en ſon eſpéce ,
Il rêve fort à rien , il s'égare ſans ceſſe ,
Il cherche , il trouve , il broüille , il regarde ſans
  voir ;
Quand on lui parle blanc , ſoudain il répond noir ;
Il vous dit non pour ouï , pour ouï non ; il apelle
Une femme , Monſieur , & moi , Mademoiſelle ,
Préd ſouvẽt l'un pour l'autre ; Il va ſans ſçavoir où ;
On dit qu'il eſt diſtrait , mais moi je le tiens fou.

D'ailleurs fort honneste homme, à ses devoirs
   austere,
Exact, bon ami, genereux, doux, sincere,
Aimant, comme j'ait dit, sa maîtresse en Heros;
Il est & sage, & fou, voilà l'homme en deux mots.

LISETTE.

Si Leandre ressent une tendresse extrême
Pour Clarice, Isabelle est prise ailleurs de même,
Et pour le Chevalier son cœur s'est découvert.

CARLIN.

Tant mieux. Il nous faudra travailler de concert
Pour détourner le coup de ce dédit funeste,
Et l'amour avec nous achevera le reste.

LISETTE.

De tes soins empressez nous attendrons l'effet.

CARLIN.

Soit. Adieu donc. Mon Maître est dans son cabinet,
Il m'attend, j'ai voulu, comme le cas me touche,
Aprendre en arrivant ta santé par ta bouche.

LISETTE.

Je me porte là là, mais toi ?

CARLIN.

        Coussi, coussi,
En tres-bonne santé j'arriverois ici,
Si je n'étois porteur d'une large écorchure.

LISETTE.

Bon, c'est des postillons l'ordinaire avanture.
Jusqu'au revoir, adieu, beau courier offensé.

CARLIN.

Ce n'est pas là, coquine, où le bas m'a blessé,
Mon cœur est plus navré de ton humeur severe.
Cette friponne-là seroit bien mon affaire ;
Mais mon Maître paroît, il tourne ici ses pas,
Il rêve, parle seul, & ne m'aperçoit pas.

SCENE II.

CARLIN, LEANDRE.

LEANDRE *se promenant sur le theâ-*
tre en rêvant, un de ses
bas déroulé.

JE ne sçai si l'absence aux amans peu propice,
Ne m'a point effacé de l'esprit de Clarice.
On en trouve bien peu de ces cœurs genereux,
Qui dans l'éloignement sçachent garder leurs
    feux.
Un moment les éteint, ainsi qu'il les fit naître.

CARLIN.

Me mettant face à face, il me verra peut-être.

LEANDRE *heurte Carlin sans*
s'en apercevoir.

Je serois bien à plaindre aimant comme je fais,
Qu'un autre profitât du fruit de ses attraits.
Plus je ressens d'amour ; plus j'ai d'inquietude :
Je ne puis demeurer dans cette incertitude,
Je veux entrer chez elle, & sans perdre de temps,
Carlin, va me chercher mon épée & mes gans.

CARLIN.

J'y cours, & je reviens, Monsieur, à l'heure même.

SCENE III.

LEANDRE *seul.*

JE suis plus que jamais dans une peine extrême,
Si mon oncle fût mort, j'aurois à mon retour
Disposé de mon cœur en faveur de l'amour,
Mais je vois tout d'un coup mon attente trompée.

SCENE IV.

CARLIN, LEANDRE.

CARLIN.

JE ne trouve, Monsieur, ni les gans ni l'épée.
LEANDRE.
Tu ne les trouves point ? Voilà comme tu fais,
Ce qu'on te vois chercher ne se trouve jamais.
Je te dis qu'à l'instant ils étoient sur ma table.
CARLIN.
Mais j'ai cherché par tout, où je me donne au
    diable.
Il faut donc qu'un lutin soit venu les cacher.
Ah ah le tour est bon, & j'avois beau chercher.
Dormez-vous ? veillez-vous ?
*   Il s'aperçoit que Leandre a son épée & ses gans*

LEANDRE.
Quoi ? que veux-tu donc dire ?
CARLIN.
Fy donc , arrêtez-vous , Monsieur , voulez-vous
rire ?
Il en tient un peu là. Sa presence d'esprit
A chaque instant du jour me charme & me ravit.
LEANDRE.
Mais dis-moi donc , maraut .....
CARLIN.
Ah la belle équipée !
Eh sont-ce-là vos gans ? est-ce-là vôtre épée ?
LEANDRE.
Ah-ah.

CARLIN.
Ah ah.
LEANDRE.
Je rêve , & j'ai certain ennui
CARLIN.
Ce ne sera pas là le derniere d'aujourd'ui.

LEANDRE.
Tout autre objet , Carlin , met mon cœur au su-
plice ,
Je veux bien l'avoüer , je n'aime que Clarice.
Ma famille prétend , attendu mes besoins ,
Que j'épouse Isabelle , & je feins quelques soins.
Son bien me remettroit en fort bonne figure ,
Mais je brûle , Carlin , d'une flame trop pure.
Biens , fortune , interests , gloire , sceptre , gran-
deur ,
Rien ne sçauroit bannir Clarice de mon cœur :
Je ressens de la voir la plus ardente envie ....
Quelle heure est-il ?

CARLIN·

Il eſt ſix heure & demie.

LEANDRE.

Fort bien : qui te l'as dit ?

CARLIN.

Comment, qui me l'as dit ?
Parſanbleu c'eſt l'horeloge. Il perd ma foi l'eſprit.

LEANDRE.

Mais connois-tu comment la choſe eſt avenuë,
Et par quel accident ma botte s'eſt perduë ?
Je l'avois ce matin en montant à cheval.

CARLIN.

Riez, c'eſt fort bien fait, le trait eſt ſans égal.
Mais à propos de botte, un ſort doux & propice
Tout à ſouhait ici vous amene Clarice.
Mettez de grace un frein à vôtre vertigo,
Et n'allez pas ici faire de qui pro quo.

SCENE V.

CLARICE, LEANDRE, CARLIN.

LEANDRE.

J'Allois m'offrir à vous flatté de l'eſpérance
D'adoucir les tourmens de prés d'un mois d'ab-
ſence.
Vous étes à mes yeux plus belle que jamais ;
Chaque jour, chaque inſtant augmente vos attraits,
A chaque inſtant auſſi mon amoureuſe flâme
Croît comme vos appas,... Un fauteüil à Madame.

Carlin aporte un fauteüil.
CLARICE.

Chaque amant parle ainſi , mais ſouvent de retour
Il oublie avec lui de ramener l'amour.
Nôtre ſexe autrefois changeoit , c'étoit la mode ,
Le premier en amour il prit cette methode.
Les hommes ont depuis trouvé cela ſi doux ,
Qu'ils ſont dans ce grand art bien plus ſçavans que
    nous.

C A R L I N *voyant que ſon Maiſtre a pris*
     le fauteüil aporte un tabouret à
     clarice.

Madame , vous , plaiſt-il de vous mettre à vôtre
    aiſe ?
Nous n'avons qu'un fauteüil ici , ne vous déplaiſe,
Et mon Maître s'en ſert , comme vous voyez.
CLARICE.

Je te ſuis obligée , & ne veux point m'aſſeoir.
Si je vous aimois moins je ſerois plus tranquile,
A m'allarmer toujours l'amour me rend habile.
Je crains autant que j'aime , & mes foibles appas
Sur vos diſtractions ne me raſſurent pas,
J'aprehende en ſecret que quelqu'amour nouvelle...
LEANDRE.

Non , je n'aime que vous, adorable Iſabelle.

CARLIN.

Iſabelle ! Clarice.
LEANDRE.

     Et mes vœux les plus doux,
Sont de paſſer mes jours & mourir avec vous.
Iſabelle.. ...
CARLIN.

   Clarice.

LEANDRE.
A pour moi mille charmes,
L'amour prend dans ses yeux ses plus puissantes
armes.
Isabelle est . . . .

CARLIN.
Clarice

LEANDRE.
A mes yeux un tableau
De tout ce que jamais le Ciel fit de plus beau.

CLARICE.
Qu'entens-je, justes Dieux ! ton maître est infidele,
Son erreur me fait voir qu'il adore Isabelle.
Je suis au desespoir, & je sens dans mon cœur
Mon amour outragé se changer en fureur.

LEANDRE *sortant de sa rêverie.*
Quel sujet tout à coup vous a mis en colére,
Madame ? ce maraut a-t'il pû vous déplaire ?

CLARICE.
Si quelqu'un me déplait en ce moment, c'est vous.

LEANDRE.
Moi ?

CLARICE.
Vous.

LEANDRE.
Quoi, je pourois exciter ce couroux !

CLARICE.
Vous êtes un ingrat, un lâche, un infidele :
Suivez, servez, aimez, adorez Isabelle.

LEANDRE.
Ah, maraut ! qu'as-tu dit ?

CARLIN.
Hé bien ne voilà-t'il pas,
J'aurai fait tout le mal !

LEANDRE.

J'adore vos appas,
Et je veux que du Ciel la vengeance & la foudre
Me puniſſe à vos yeux, & me réduiſe en poudre,
Si mon cœur tout à vous adore un autre objet.

CARLIN.

Ne jurez pas, Monſieur, vous êtes trop diſtrait.

CLARICE.

Vous aimez Iſabelle ; & de quelle aſſurance
Prononcez-vous un nom dont mon amour s'of-
fence.

LEANDRE.

J'ai parlé d'Iſabelle ! Eh vous voulez je croi
Eprouver mon amour, ou vous railler de moi.
Moi ! parler devant vous d'autre que de vous-
même,
Vous qui m'occupez ſeule, & que ſeule j'aime.

CARLIN.

Il faudroit par ma foi qu'il eût perdu l'eſprit.

LEANDRE.

De ce cruel ſoupçon ma tendreſſe s'aigrit,
Vos yeux vous ſont garands qu'il ne m'eſt pas poſ-
ſible,
Que pour quelqu'autre objet je devienne ſenſible.
Ah, Madame, à propos ! vous avez quelqu'accés
Auprés du Rapporteur que j'ai dans mon procés,
Ecrivez-lui de grace un mot pour mon affaire.

CLARICE.

Volontiers.

CARLIN.

A propos, eſt là fort neceſſaire.

CLARICE.

Quels que ſoient vos diſcours pour me perſuader,
J'aime trop pour ne pas toujours apprehender ;

Mais ces distractions qui vous sont naturelles
Me rassurent un peu de mes frayeurs mortelles.
Je vous juge innocent , & crois que vôtre erreur
Provient de vôtre esprit plus que de vôtre cœur.

LEANDRE.

Avec ces sentimens vous me rendez justice.

CARLIN.

Je suis sa caution , il n'a point de malice ;
Mais le dédit pouroit traverser vos desseins.

CLARICE.

Mon oncle sur ce point nous prestera les mains ;
Il aime fort mon frere , & toute son envie
Seroit de voir un jour sa fortune établie ,
Pour lui-même à la Cour il brigue un Régiment.

LEANDRE.

Je m'offre à le servir pour avoir l'agrément.

CARLIN.

Tout à propos le voila ici qui se montre.

SCENE VI.

LE CHEVALIER, LEANDRE, CLARICE, CARLIN.

LE CHEVALIER *va l'embraſſer.*

HE' bon jour, mon ami, quelle heureuſe ren-
contre !

LEANDRE *à Carlin.*

Monſieur, avec plaiſir.... Quel eſt cet homme-là;

CARLIN.

C'eſt le Chevalier.

LEANDRE.
Ah !

LE CHEVALIER.

Quoi, ma ſœur, te voilà?
Je t'en ſçais fort bon gré.   Viens-tu par inventaire
Du cœur de ton amant te porter heritiere ?

CLARICE.

Mais dis-moi, feras-tu toujours fou, Chevalier?

LE CHEVALIER.

C'eſt un charmant objet qu'un nouvel heritier,
Et le noir eſt pour moi ma couleur favorite.
Un amant en grand deüil a toujours ſon mérite,
Et quand comme Carlin on ſeroit mal formé,
Du moment qu'on herite on eſt ſeur d'être aimé.

CARLIN.

Cômët,comme Carlin ? ſçachez que ſans reproche
Vôtre comparaiſon eſt odieuſe , & cloche.

Chacun

Chacun vaut bien ſon prix. Carlin dans certains cas
Pour certains Chevaliers ne ſe donneroit pas.

LE CHEVALIER.

Tu te fâches, mon cher , il faut que je t'embraſſe.
L'oncle a donc fait la choſe enfin de bonne grace ?
As-tu trouvé le coffre à ton gré copieux ?
Ces écus , ces loüis étoient-ils nœufs ou vieux ?

CARLIN.

Nous n'y prenons pas garde , & toujours avec
    joye
Nous recevons l'argent tel que Dieu nous l'envoye.

LE CHEVALIER.   *Il chante;*

Le bon homme eſt donc mort ? j'en ai bien du re-
    gret.

CLARICE.

Cela ſe voit aſſez.

CARLIN.

        L'air vient fort au ſujet.

LE CHEVALIER.

Je te le veux chanter , j'en ai fait la muſique ,
Et les vers , dont chacun vaut un poëme épique.

AIR.

Je me conſole au cabaret
Des riguenrs d'une Iris qui rit de ma tendreſſe ;
Là mon amour expire, & Bacchus en ſecret
*   ſuccede aux droits de ma maîtreſſe.*

Là mon amour expire.

CARLIN.

Au cabaret ! c'eſt là mourir au champ d'honneur.

LE CHEVALIER *chantant.*
Et Bacchus en ſecret

                D

Succéde , succéde....
Ce bémol eſt-il fin , & va-t'il droit au cœur ?
Succéde....
Qu'en dis-tu ?
                CARLIN.
        Mais je dis que dans cét air ſi doux
Bacchus eſt plus habile à ſuccéder que nous.
                LE CHEVALIER *repete.*
        Succede aux droits de ma maîtreſſe.
        à Leandre.
Que vous ſemble , Monſieur , & de l'air & des
        vers ?
                LEANDRE *ſortant de la rêverie où*
    il a été pendant la Scene , prend Clarice par le
    bras , croyant parler au Chevalier , & la tire à
    un des bouts du theâtre.
Vos intérêts en tout m'ont toujours été chers ,
J'étois fort ſerviteur de Monſieur vôtre pére ,
Et je vous veux ſervir de la bonne maniere.
                CLARICE.
Je me ſens obligée à vôtre honnêteté.
                LEANDRE *craignant d'être*
            entendu la remene à l'autre côté
                du theâtre.
Je crois que nous ſerions mieux de l'autre côté.
        LE CHEVALIER *fait le même jeu*
                de theâtre à Carlin.
J'ai de ma part auſſi quelque choſe à te dire.
Il faut nous divertir.
                CARLIN.
            Quel diantre , eſt-ce pour rire ?
                LEANDRE.
Je ſuis comme l'on ſçait aſſez bien prés du Roi ,
Je veux vous faire avoir un Régiment.

CLARICE.

                              A moi ?

LEANDRE.

A vous-même.

LE CHEVALIER.

Ton maître au moins n'est pas trop sage.

CARLIN.

D'accord, il vous ressemble en cela davantage.

LEANDRE *à Clarice.*

Vous avez du service, un nom, de la valeur,
Il faut vous distinguer dans un poste d'honneur.

CLARICE.

Mais regardez-moi bien.

LEANDRE.

                    Ah je vous fais excuse,
Madame, & maintenant je vois que je m'abuse,
J'ai crû qu'au Chevalier. . . .

LE CHEVALIER.

                    Ma sœur un Regiment !

CARLIN.

Ce seroit de milice un nouveau suplément,
Et si chaque famille armoit une coquette,
Cette troupe, je crois, seroit bien-tôt complette.

LE CHEVALIER.

Cet homme-là, ma Sœur, t'aime à perdre l'esprit.

CLARICE.

Je m'en flatte en secret, du moins il me le dit.

LE CHEVALIER *à Leandre.*

Je crois bien que vos vœux tendent au mariage,
Ma sœur en vaut la peine, elle est belle, elle est
    sage.

LEANDRE.

Ah ! Monsieur, point du tout.

                              D ij

LE CHEVALIER.

Comment donc, point du tout?
Cette grace, cet air . . . .

LEANDRE:

Il n'eſt point de mon goût.

LE CHEVALIER.

Cependant vous l'aimez ?

LEANDRE.

Ouï, j'aime la muſique,
Mais ſi vous voulez bien qu'en ami je m'explique,
Vôtre air n'a point ce tour tendre, agreable, aiſé,
Et le chant entre nous m'en paroît trop uſé.

LE CHEVALIER.

Et qui vous parle ici de vers & de muſique ?
Cet amant-là, ma ſœur, eſt tout-à-fait comique.

LEANDRE.

Vous chantiez à l'inſtant, & ne parliez-vous pas
De vôtre air ?

LE CHEVALIER.

Non vrayment.

LEANDRE·

J'ai donc tort en ce cas.

LE CHEVALIER.

Je vous entretenois ici de vôtre flâme,
Et voulois pour ma ſœur faire, expliquer vôtre
   ame
Sçavoir ſi vous l'aimez.

LEANDRE.

Si je l'aime, grands Dieux !
Ne m'interrogez point, & regardez ſes yeux.

LE CHEVALIER.

Vous avez le gouſt bon. Si je n'érois ſon frere
Prés d'elle on me verroit pouſſer bien loin l'affaire;

Mais je suis pris ailleurs, prés d'un objet vainqueur,
Je fais à petit bruit mon chemin en douceur.
J'ai jusques-ici conduit mon affaire en silence,
J'abhorre le fracas, le bruit, la turbulence,
Et je vais pour chercher cet objet de mes feux.

LEANDRE *à Clarice.*

Puisque vous desirez si-tôt quitter ces lieux,
Souffrez donc, s'il vous plaist, que je vous recon-
    duise.

Il met son gand, & presente à Clarice la main
qui est nuë.

CARLIN.

Vous donnez une main pour l'autre par méprise.
        Il ôte celui qu'il avoit.

LEANDRE.

Il est vrai.

CLARICE.

Demeurez & ne me suivez pas.
Il lui donne la main jusqu'au milieu du theâtre,
& la quitte pour parler à Carlin.

SCENE VII.

LEANDRE, CARLIN,
LE CHEVALIER.

LEANDRE.

JE veux jusques chez vous accompagner vos pas:
J'ai, Carlin, en secret un ordre à te prescrire.
Ecoute . . . . . je ne sçai ce que je voulois dire.

Va chez mon horloger, & reviens au plûtôt;
Prens de ce tabac..... non tu n'iras que tantôt.

CARLIN.

Le beau secret ma foi.

LEANDRE *au Chevalier.*

Souffrez ici sans peine
Qu'à vôtre apartement, Madame, je vous meine.

LE CHEVALIER.

Vous êtes trop honnête, il n'en est pas besoin.

LEANDRE *s'apercevant qu'il
parle au Chevalier.*

Vous êtes encor là, je vous croyois bien loin.
Je cherchois vôtre sœur, & ma peine est extrême...

LE CHEVALIER.

Vous ne vous trompez pas, c'est une auttre elle-
même,
Mais si jamais, Monsieur, vous êtes son époux,
Dans vos distractions défiez-vous de vous :
Une femme suffit, tenez-vous à la vôtre,
N'allez pas par méprise en conter à quelqu'autre.
Ma sœur n'est pas ingrate, & sans égard aux frais
Elle vous le rendroit avec les interêts.
Adieu, Monsieur, je suis tout à vôtre service.

SCENE VIII.

LEANDRE , CARLIN.

LEANDRE.

JE cherche vainement & ne vois point Clarice.

CARLIN.

N'étant plus en ce lieu vous ne sçauriez la voir.

LEANDRE.

Ah ! mon pauvre Carlin , je suis au desespoir.
Que je suis malheureux! contre moi tout conspire,
J'avois dans ce moment cent choses à lui dire :
Ne perdons point de temps, sortons, suivons ses pas,
Je ne suis plus à moi quand je ne la vois pas.

Il sort.

CARLIN.

Et quand vous la voyez , c'est cent fois pis encore.
Il auroit bien besoin de deux grains d'ellébore.
Il étoit moins distrait hier qu'il n'est aujourd'hui :
Cela croît tous les jours , je me gâte avec lui.
On m'a toujours bien dit qu'il faloit dans la vie
Fuir autant qu'on pouvoit mauvaise compagnie ,
Mais je l'aime, & je sçai qu'un cœur qui n'est
    point faux ,
Doit aimer ses amis avec tous leurs deffaux.

Fin du second Acte.

ACTE III.

SCENE PREMIERE.

I S A B E L L E , L I S E T T E.

LISETTE.

G R A c é au Ciel , à la fin vous quittez
    la toillette ,
Vôtre mére aujourd'hui doit être sa-
    tisfaite.
De nôtre diligence on peut se préva-
  loir ,
Il n'est encor au plus que sept heure du soir.

ISABELLE.

Il me semble pourtant que j'aurai peine à plaire ,
Et je n'ai pas les yeux si vifs qu'à l'ordinaire.
Ma mere en est la cause , & ce qu'elle me dit
Me broüille tout le teint , me seiche , & m'enlaidit.

LISETTE.

Elle enrage à vous voir si grande & si bienfaite.
La loi devroit contraindre une mere coquette ,
Quand la beauté la quitte ainsi que les amans,
Et qu'elle a fait sa charge environ cinquante ans,

D'abjurer la tendresse, & d'avoir la prudence
De faire recevoir sa fille en survivance.

ISABELLE.

Que ce seroit bien fait ! car enfin en amour
Il faut, n'est-il pas vrai ? que chacun ait son tour.

LISETTE.

Ouï, la chanson le dit. Dites-moi, je vous prie,
Si pour le Chevalier vôtre ame est attendrie ?
Est-ce estime ? est-ce amour ?

ISABELLE.

Oh je n'en sçai pas tant.

LISETTE.

Mais encor ?

ISABELLE.

Je ne sçai si ce que mon cœur sent
Se peut nommer amour, mais enfin je t'avouë
Que j'ai quelque plaisir d'entendre qu'on le louë ;
Par un destin puissant, & des charmes secrets,
Je me trouve attachée à tous ses interêts ;
Je rougis, je pâlis quand il s'offre à ma veuë ;
S'il me quitte, des yeux je le suis dans la ruë.
Mais que te dis-je, helas! mon cœur par tout le suit.
Ses manieres, son air occupent mon esprit,
Et souvent quand je dors, d'agreables mensonges
M'en presentent l'image au milieu de mes songes.
Est-ce estime ? est-ce amour ?

LISETTE.

C'est ce que vous voudrez ;
Mais enfin c'est un mal dont vous ne guerirez
Qu'avec un recipé d'un hymen salutaire,
Et je veux m'employer à finir cette affaire.
Le Chevalier tout franc est bien mieux vôtre fait ;
Leandre a de l'esprit, mais il est trop distrait ;

Il vous faut un mari d'une humeur plus fringante,
Leger dans ses propos, qui toujours danse ou chan-
　te ;
Qui vole incessamment de plaisirs en plaisirs,
Laissant vivre sa femme au gré de ses desirs ;
S'embarassant fort peu si ce qu'elle dépense
Vient d'un autre ou de lui. C'est cette nonchalance
Qui nourrit la concorde, & fait que dans Paris
Les femmes plus qu'ailleurs adorent leurs maris.

ISABELLE.

Tu sçais bien que ma mere est d'une humeur é-
　trange,
Crois-tu que son esprit à ce parti ce range ?
Elle ma deffendu de voir le Chevalier.

LISETTE.

Sans se voir, on ne peut pourtant se marier.
Ne vous allarmez point , nous trouverons peut-
　être
Quelque moyen heureux que l'amour fera naître,
Qui poura tout d'un coup nous tirer d'embaras ;
Un sort heureux déja ici conduit ses pas.

SCENE II.

ISABELLE, LISETTE, LE CHEVALIER.

LE CHEVALIER *dansant & sifflant.*

JE vous trouve à la fin. Ah ! bon jour , ma Prin-
    cesse ,
Vous avez aujourd'hui tout l'air d'une Déesse,
Et la Mere d'amour sortant du sein des mers
Ne parut point si belle aux yeux de l'Univers.
De vôtre amour pour moi je veux prendre ce gage.
    Il lui baise la main.
ISABELLE.
Monsieur le Chevalier. . . .
LISETTE.
                Allons donc , soyez sage.
Comme vous debutez . . . .
LE CHEVALIER.
                Nous autres gens de Cour
Nous sçavons abreger le chemin de l'amour.
Voudrois-tu donc me voir en amoureux novice
De l'amour à ses pieds aprendre l'exercice ;
Pousser de gros soûpirs , serrer le bout des doigts.
Je ne fais point morbleu l'amour comme un Bour-
    geois ,
Je vais tout droit au cœur. Le croiriez-vous , la
    belle ?
Depuis dix ans & plus je cherche une cruelle ,

Et je n'en trouve point tant je suis malheureux.
LISETTE.
Je le crois bien, Monsieur , vous êtes dangereux.
LE CHEVALIER.
J'ai bien bû cette nuit, & sans faufaronades
A vôtre intention j'ai vuidé cent rafades.
Mon feu qui dans le vin s'éteint le plus souvent,
Reprend vigueur pour vous , & s'irrite en beuvant.
Il fait parbleu bien chaud.

Il ôte sa perruque , & la peigne.
LISETTE.
La maniere est plaisante,
Vous voulez nous montrer vôtre tête naissante.
Ce regain de cheveux est encor bon à voir.
ISABELLE.
Vous êtes mal de bout , voulez-vous vous asseoir ?
Lisette , des fauteüils.
LE CHEVALIER.
Point de fauteüils , de grace.
ISABELLE.
Oh , Monsieur , je sçai bien. . . .
LE CHEVALIER.
Un fauteüil m'embarasse ,
Un homme là-dedans est tout enveloppé ,
Je ne me trouve bien que dans un canapé.
à Lisette.
Fais m'en aprocher un pour m'étendre à mon aise.
LISETTE.
Tenez-vous sur vos pieds , Monsieur , ne vous
déplaise.
J'enrage quand je vois des gens qu'à tout moment
Il faudroit étayer comme un vieux bâtiment.
Couchez dans des fauteüils , barer une ruelle,
Et mornon de ma vie une bonne escabelle,
Soyez

Soyez dans le respect, nos peres autrefois
Ne s'en portoient que mieux sur des meubles de
   bois.

ISABELLE.

Paix donc, ne lui dis rien, Lisette, qui le blesse.

LISETTE.

Bon, bon, il faut aprendre à vivre à la jeunesse.

LE CHEVALIER.

Lisette est en couroux. Ça changeons de discours.
Comment suis-je avec vous ? m'adorez-vous tou-
   jours ?
Cette mamman encor fait-elle la hargneuse ?
C'est un vrai porc épic.

ISABELLE.

                    Elle est toujours grondeuse,
Elle m'a depuis peu deffendu de vous voir.

LE CHEVALIER.

De me voir ! elle a tort sans me faire valoir,
Car ce n'est qu'en mari que mon cœur vous souhaite.

ISABELLE.

En mari, mais, Monsieur, vous êtes Chevalier.
Ces gens-là ne sçauroient, dit-on, se marier.

LE CHEVALIER.

Quel abus ! Nous faisons tous les jours alliance
Avec tout ce qu'on voit de femmes dans la France.

LISETTE *apercevant Me Grognac.*

Ah ! Madame, Grognac.

ISABELLE.

                    Ah ! Monsieur, sauvez-vous,
Sortez, non revenez.

LISETTE.

                    Où nous cacherons-nous ?
                              E

LE CHEVALIER.

Laiſſez , laiſſez-moi ſeul affronter la tempeſte,

LISETTE.

Ne vous y jouez pas. Il me vient dans la tête
Un deſſein qui poura nous tirer d'embaras.
Elle ſçait vôtre nom : mais ne vous connoiſt pas,
Nous attendons un Maître en langue Italienne,
Faites ce maître-là pour nous tirer de peine.

ISABELLE.

Elle aproche , elle vient , O Ciel !

LE CHEVALIER.

                 C'eſt fort bien dit,
En cette occaſion j'admire ton eſprit ,
J'ai par bonheur eſté deux ans en Italie.

SCENE III.

Me GROGNAC, ISABELLE, LE
CHEVALIER, LISETTE.

Me GROGNAC.

AH vrayment je vous trouve en bonne compa-
    gnie ,
Quel eſt cet homme-là ?

LISETTE.

             Ne le voit-on pas bien.
C'eſt comme on vous a dit ce Maître Italien ,
Qui vient montrer ſa langue.

Me GROGNAC.

           Il prend bien de la peine ,
Ma fille pour parler n'a que trop de la ſienne,

Qu'elle aprenne à se taire, elle fera mieux.

LE CHEVALIER.

Un grand homme disoit que s'il parloit aux
    Dieux,
Ce seroit Espagnol, Italien aux femmes ;
L'amour par son accent se glisse dans leurs ames :
A des hommes, François, & Suisse à des che-
    vaux.
Das dich der donder schlacq.

LISETTE.

       Ah juste Ciel, quels mots !

Me GROGNAC.

Comme je ne veux point qu'elle parle à personne,
Sa langue lui suffit, & je la trouve bonne.

LE CHEVALIER.

Or je vous disois donc tantôt que l'adjectif
Devoit estre d'accord avec le substantif.
Isabella bella, c'est vous, belle Isabelle.
          bas.
Amantè fedelè, c'est moi l'amant fidele
Qui veut toute sa vie adorer vos apas.
         Madame Grognac s'aproche
  Plus haut.   *pour écouter.*
Il faut les accorder en genre, en nombre, en cas.

Me GROGNAC.

Tout vôtre Italien est plein d'impertinences.

LE CHEVALIER.

Ayez pour la Grammaire un peu plus de réverence.
Il faut presentement passer au verbe actif,
Car moi dans mes leçons je suis expéditif.
Nous allons commencer par le verbe *amo*, j'aime.
Ne le voulez vous pas ?

ISABELLE.

       Ma joye en est extrême,

LISETTE.

Elle a pour vos leçons l'esprit obeïssant.

LE CHEVALIER.

Conjuguez avec moi pour bien prendre l'accent.

Io amo , j'aime.

ISABELLE.

Io amo , j'aime.

LE CHEVALIER.

Vous ne le dites pas du ton que je demande ,
Vous me pardonnez bien si je la réprimende.
Il faut plus tendrement prononcer ce mot-là ,

Io amo , j'aime.

ISABELLE *fort tendrement.*

Io amo , j'aime.

LE CHEVALIER.

Le charmant naturel , Madame , que voilà.
Aux dispositions qu'elle m'a fait paroître
Elle en sçaura bien-tôt trois fois plus que son
　　Maître.
Je suis charmé , voyons si d'un ton naturel
Vous pourez aussi-bien dire le pluriel.

Me GROGNAC.

Elle en dit déja trop , Monsieur , & dans les suites
Il faudra , s'il vous plaît , supprimer vos visites.

LE CHEVALIER.

J'ai trop bien commencé pour ne pas achever.

SCENE IV.

VALERE, LE CHEVALIER, Me
GROGNAC, ISABELLE, LISETTE.

VALERE.

AH je suis, mon neveu, ravi de vous trouver.
Madame, vous voyez sans trop de complai-
sance,
Un Gentil-homme ici d'assez belle esperance,
Et s'il pouvoit vous plaire, il seroit trop heureux...

LISETTE.

Que le diable t'emporte !

ISABELLE.

Ah contre-temps fâcheux.

Me GROGNAC.

Vôtre neveu, comment ?

VALERE.

Il a sçû se produire,
Et n'a pas eu besoin de moi pour l'introduire.

Me. GROGNAC.

Vous n'êtes pas, Monsieur, un Maître Italien ?

VALERE.

Lui ? c'est le Chevalier.

LE CHEVALIER.

Il est vrai, j'en convien,
Cela n'empêche pas que dans quelques familles
Je ne montre par fois l'Italiens aux filles.

Me GROGNAC.

Comment impertinente.

LE CHEVALIER.

Ah , point d'empertement;

Me GROGNAC.

Aprés vous avoir dit ....

LE CHEVALIER.

Madame , doucement,
N'allez pas devant moi gronder mes écolieres.

Me GROGNAC.

Mêlez-vous , s'il vouz plaît , Monsieur , de vôtre
affaire.
Lorsque je vous deffens....

LE CHEVALIER.

Pour calmer ce courroux ,
J'aime mieux vous baiser , mamman.

Me GROGNAC.

Retirez-vous ,
Je ne suis point , Monsieur , femme que l'on plaisante.

LE CHEVALIER.

Il la prend par la main , chante , & la fait dan-
ser par force.
Je veux que nous dansions ensemble une courante.
V A L E R E *les separant , & mettant le*
Chevalier dehors.
C'est trop pousser la chose , allons retirez-vous ,
Et vous , pour éviter de vous mettre en couroux ,
Dans vôtre apartement rentrez , je vous en prie.
Me G R O G N A C *s'en alla*
Ouf , ouf , je n'en puis plus.

SCENE V.

VALERE, ISABELLE, LISETTE.

LISETTE.

Mais quelle étourderie.
Pour éviter le bruit j'avois trouvé moyen
De le faire passer pour Maître Italien,
Et vous êtes venu ....

VALERE.

Mon imprudence est haute,
Mais je veux sur le champ réparer cette faute :
Je m'en vais la rejoindre, & tâcher de calmer
Son esprit violent, prompt à se gendarmer.

SCENE VI.

LISETTE, ISABELLE.

LISETTE.

Voilà, je vous l'avouë, une fâcheuse affaire.

ISABELLE.

N'as-tu pas ry, Lisette, à voir danser ma mere?

LISETTE.

Comment donc, vous riez, & vous ne craignez
    pas
La foudre toute prête à tomber en éclas.

ISABELLE.

Laissons pour quelque temps passer ici l'orage,
Leandre vient, il faut nous ranger du passage,
Ecoutons un moment, nous n'oserions sortir ;
De ses distractions il faut nous divertir,
Il ne manquera pas d'en faire ici paroître.

LISETTE.

Je le veux, demeurons sans nous faire connoître,
Ecoutons.

SCENE VII.

LEANDRE, CARLIN, ISABELLE, LISETTE.

LEANDRE.

D'Où viens-tu ? parle donc ? répond-
    moi ?
Je ne te vois jamais quand j'ai besoin de toi.

CARLIN.

J'execute vôtre ordre avec zele, ou je meure.
Vous avez oublié que depuis un quart-d'heure,
De dix commiſſions il vous plut me charger.
J'ai vû le Rapporteur, le Tailleur, l'Horloger,
Et voilà vôtre montre enfin racommodée,
Elle ſonne à preſent.

LEANDRE *prenant la montre.*
Il me l'a bien gardée.

CARLIN.

Vous m'avez commandé de même d'acheter
De bon tabac d'Eſpagne, en voilà pour goûter.

LEANDRE *prend le papier où eſt le*
tabac.

Voyons.

CARLIN.

C'eſt du meilleur qu'on puiſſe jamais pren-
    dre,
Dont on frauda les droits en revenant de Flan-
    dre.

LEANDRE *jettant la montre croyant
jetter le tabac.*
Quel horrible tabac, tu veux m'empoifonner.
CARLIN.
La montre ! ah voilà bien pour la faire fonner.
Quelle diftraction, Monfieur, eft donc la vôtre ?
LEANDRE.
Oh je n'y penfois pas, j'ai jetté l'un pour l'autre.
CARLIN.
Ne nous voilà pas mal, la montre cette fois
Va   revoir l'Horloger tout au moins pour fix
     mois.
LEANDRE.
Cours à l'apartement de l'aimable Clarice,
Sçache fi pour la voir le moment eft propice;
Peins lui bien mon amour, & quel eft mon cha-
     grin
D'avoir manqué tantôt à lui donner la main.
Va vîte, cours, reviens.
CARLIN *mettant la montre à fon
oreille.*
            La montre eft toute en pieces,
Vous devriez, Monfieur, exercer vos largeffes,
Et m'en faire prefent...
LEANDRE.
            Va donc, ne tarde pas,
Je t'attens.
CARLIN.
J'obéïs, & reviens fur mes pas.

SCENE VIII.

LEANDRE , ISABELLE , LISETTE

ISABELLE.

APprochons-nous.

LEANDRE.

Carlin , j'attens tout de ton zele.
Si Clarice venoit à parler d'Isabelle
Dis-lui bien que mon cœur n'en fut jamais touché,
Par de plus nobles nœuds , je me sens attaché.
Isabelle est jolie , au reste peu capable
De fixer le penchant d'un homme raisonable.
Malgré les faux dehorrs de sa simplicité ,
Elle est coquette au fonds.

LISETTE.

La curiosité
Vous poura couter cher aux sentimens qu'il montre.

LEANDRE.

Mais me parleras-tu toujours de cette montre ?
Hé bien , c'est un malheur. Fais-lui bien concevoir
Qu'Isabelle sur moi n'eut jamais de pouvoir ,
Et que mon oncle en vain veut faire une alliance ,
Dont mon amour murmure , & dont mon cœur
s'offense.

ISABELLE.

Il ne m'aime pas trop , Lisette.

LEANDRE.

Ouï, l'on le dit.
Cette Lisette-là lui tourne mal l'esprit,
C'est une babillarde en intrigues habille,
Et qui dans un besoin pouroit montrer en ville.

LISETTE.

Voilà donc mon paquet, & vous le vôtre aussi,
Lui dirai-je à la fin que vous êtes ici ?

LEANDRE.

Ouï, tu pouras lui dire : Avec impatience
J'attendrai ton retour, va cours en diligence.
Que les hommes sont foux d'empoisonner leurs
         jours
Par des dégoûts cruels qu'ils ont dâs leurs amours;
Je savoure à longs traits le poison qui me tuë.

LISETTE.

C'est pendant trop de temps nous cacher à sa vûë,
Et je veux l'attaquer. Monsieur, si par hazard
Vous vouliez bien sur nous jetter quelque regard.

LEANDRE.

Sans ce fâcheux dédit qui vient troubler ma joye,
Je passerois des jours filez d'or & de soye.

LISETTE.

Vous voulez bien, Monsieur, me permettre à mon
         tour
De vous feliciter sur vôtre heureux retour.

LEANDRE.

Au pouvoir de l'amour, c'est envain qu'on resiste.

LISETTE.

Monsieur, par charité.

LEANDRE.

Que le Ciel vous assiste.

LISETTE.

LISETTE.

Sommes-nous donc déja des objets de pitié !
De tout ce qu'on me dit vous êtes de moitié.
Tournez les yeux fur nous.

Elle le tire par la manche.

LEANDRE.

        Ah te voilà , Lifette.

LISETTE.

Et ma maîtreffe auffi.

LEANDRE:

        Que ma joye eft parfaite !
Jamais rien de plus beau ne s'offrit aux regards ,
Les amours prés de vous volent de toutes parts.
Aux coups de vos beaux yeux qui pouroit fe fouf-
    traire ?
Et qu'on feroit heureux fi l'on pouvoit vous plaire.

ISABELLE.

Bon ! vôtre cœur pour moi ne fut jamais touché ,
Par de plus nobles nœuds vous êtes attaché :
Je fuis un peu jolie , au refte peu capable
De fixer le penchant d'un homme raifonnable ,
Malgré les faux dehors de ma fimplicité ,
Je fuis coquette au fond.

LEANDRE.

        C'eft une fauffeté.
Lifette , tu devrois dans le foin qui t'anime ,
Lui faire prendre d'elle une plus jufte eftime :
Tu gouvernes fon cœur.

LISETTE.

        Ouï , quelqu'un me l'a dic.
Cette Lifette-là lui tourne mal l'efprit ,
C'eft une babillarde en intrigues habile ,
Et qui pouroit montrer en un befoin en ville ,

Vôtre panegyrique a pour nous des apas.
Quel peintre ! par ma foi, vous ne flatez pas.

LEANDRE.

Ah ! mauraut de Carlin, dans peu ton imprudence,
Recevra de ma main sa juste recompense.

LISETTE.

J'entens venir quelqu'un. Ah, Ciel, quel embaras !
C'est Madame Grognac qui revient sur ses pas.

ISABELLE.

Lisette, que dis-tu ?

LISETTE.

        Vôtre mere en personne.

ISABELLE.

Quel parti prendre ? O Ciel ! je tremble, je fris-
   sonne ;
Sa brusque humeur sur nous pouroit bien éclater,
Aidez-moi, s'il vous plaist, Monsieur, à l'éviter.

LEANDRE.

Vous cacher à ses yeux, est chose assez facile ;
Mon Cabinet pour vous doit être un seur azile,
Entrez-y.

ISABELLE.

     Volontiers, mais que personne au moins
Ne puisse nous y voir.

Elles entrent dans le cabinet de Leandre.

LEANDRE.

       Fiez-vous à mes soins.

SCENE IX.

Me GROGNAC, LEANDRE.

Me GROGNAC.

JE ne la trouve point , Monsieur , où donc est-
elle ?

CLARICE.

Qui, Madame ?

Me GROGNAC.
Ma fille.

LEANDRE.
Quelle fille ?

Me GROGNAC.

Isabelle,
Que j'aurois de plaisir avec deux bons soufflets
A vanger plénement les affronts qu'on m'a faits,
Mais je ne perdrai pas ici toute ma peine,
Puisqu'il faut aussi-bien que je vous entretienne,
Et vous dise en deux mots que je veux dés ce jour
Vôtre oncle vif ou mort terminer vôtre amour.
Vous sçavez ses desseins, & qu'un dédit m'engage,
Monsieur , à vous donner ma fille . . . .

LEANDRE.

En mariage ?

Me GROGNAC.

Comment donc ? Ouï, Monsieur, en mariage ,
ouï,
Et je prétens de plus que ce soit aujourd'hui.

Je ne puis plus long-temps voir traîner cette af-
  faire,
Et je vais ordonner qu'on m'ameine un Notaire :
C'est un point résolu, Monſieur, dans mon cerveau,
La garde d'une fille eſt un trop lourd fardeau.

LEANDRE

Ce dédit m'embaraſſe, & me tient en cervelle.

SCENE X.

CARLIN, CLARICE, LEANDRE,

CARLIN.

J'Ai fait ce que vos feux attendoient de mon
  zele,
Et j'ameine Clarice.

LEANDRE.

                    Ah ! Madame, en ces lieux
Quel bonheur tout nouveau vous preſente à mes
  yeux ?

CLARICE.

Malgré vôtre dédit je viens ici vous dire
Que mon oncle à nos feux eſt tout prêt de ſouſ-
  crire.
Mon cœur en eſt charmé, mais je crains vôtre
    humeur,
Et qu'une autre que moi ne régne en vôtre cœur.

LEANDRE.

Ces ſoupçons mal fondez me font trop d'injuſtice,
Et je n'aime que vous, adorable Clarice.

SCENE XI.

LEANDRE, CLARICE, CARLIN, UN LAQUAIS.

LE LAQUAIS.

Mon Maître ici m'envoye avec ce mot d'écrit,

Clarice lit.

CARLIN.

Ce petit joufflu-là montre avoir de l'esprit.

CLARICE.

De vôtre Rapporteur je reçois cette lettre,
Vous pouvez de ses soins bien-tôt tout vous pro-
   mettre ;
Je vous quitte un moment, & je monte là-haut
Pour lui faire réponse, & reviens au plûtôt.

LEANDRE *l'arrêtant.*

Si dans mon cabinet vous vouliez bien écrire,
Vous auriez plûtôt fait.

CLARICE.

      Je craindrois de vous nuire.

LEANDRE.

Vous me ferez plaisir, Madame, assurément.

CLARICE.

Puisque vous le voulez, j'en use librement.
Je vais le supplier de vous faire justice,
Et de continuer à vous rendre service.
J'aurai fait en deux mots.

E iij

SCENE XII.

LEANDRE, CARLIN.

CARLIN.

Vos feux sont en bon train,
Je vous vois bien-tôt prests à vous donner la main,
Le Ciel jusques au bout nous garde de disgrace.

LISETTE *dans le cabinet.*

Sortons , sortons , Madame , il faut quitter la
　　place.

CARLIN.

Dans vôtre cabinet , Monsieur , j'entens du bruit,
Que veux dire cela ? N'est-ce point un Esprit
Qui lutine Clarice.

LEANDRE.

　　　　　　Ah ! je vois ma méprise ,
Carlin , tout est perdu , j'ai fait une sottise
En plaçant là Clarice en mon esprit distrait ,
Je n'ai pas reflêchi que dans le même endroit
J'avois mis Isabelle.

CARLIN.

　　　　　　Isabelle ! ah j'enrage !
Nous allons bien-tôt voir arriver du carnage.
Eftes-vous fou , Monsieur ? mais qu'est-ce que
　　je vois !
Quelle prosperité ! pour une en voilà trois.

SCENE XIII.

ISABELLE, CLARICE, LISETTE,
LEANDRE, CARLIN.

ISABELLE.

VOus pouvez dans ce lieu tout à vôtre aise
    écrire,
Et tant qu'il vous plaira, pour moi je me retire.
CLARICE.
Vous avez eu le temps pour vous tout à loisir
D'y pouvoir sans témoins remplir vôtre desir.
LEANDRE.
Le hazard malgré moi dans ce lieu vous assemble,
Mon dessein n'étoit point de vous y mettre ensem-
    ble.   *à Isabelle.*
Vôtre mere tantôt . . . .
ISABELLE.
       Je suis au desespoir.
LEANDRE *à Clarice.*
Madame, vous sçaurez . . . .
CLARICE.
       Je ne veux rien sçavoir.
LEANDRE *à Isabelle.*
Je n'ai pas refléchi que . . . .
ISABELLE *s'en allant.*
       Vous êtes un traître.
LEANDRE *à Clarice.*
Le hazard . . . .

CLARICE *s'en allant.*
Devant moi gardez-vous de paroître?
LISETTE.
Tu nous as fait le tour, mais vingt coups de bâton
Dans peu, Monsieur Carlin, nous en feront raison.

SCENE XIV.

CARLIN, LEANDRE.

CARLIN.

JE tombe de mon haut.
LEANDRE.
Moi, je me desespere.
Allons de l'une & l'autre arrêter la colere.
CARLIN.
Courons-y donc, je crains quelque accident cruel,
Et ces deux filles-là se vont battre en duel.

Fin du troisième Acte.

ACTE IV.

SCENE PREMIERE.

VALERE, CLARICE.

CLARICE.

D E vos soins genereux je vous suis
    obligée ,
Mais depuis un moment mon ame est
    bien changée.

VALERE.
Plaist-il ?

CLARICE.
Je ne veux plus me marier.

VALERE.
                      Comment ?
D'où vous peut donc venir un si prompt change-
    ment ?

CLARICE.
J'ai pensé meurement aux soins du mariage,
Aux chagrins presque seurs où son joug nous en-
    gage ,
A cette liberté qu'on perd sans retour :
L'hymen est trop souvent un écueil pour l'amour.

Je ne me sens point propre aux soins d'une fa-
    mille,
Et tout consideré, j'aime mieux rester fille.
                VALERE.
Je sçai bien que l'hymen peut avoir ses dégoûts,
Chaque état a les siens, & nous les sentons tous,
Cependant vous vouliez de moi ce bon office.
                CLARICE.
D'accord, mais plus on voit de prés le précipice,
Plus nos sens étonnez frémissent du danger.
Leandre est pris ailleurs, & pour le dégager,
Vôtre application peut-être seroit vaine.
                VALERE.
Calmez-vous, je prétens y réussir sans peine,
Leandre sent pour vous une sincere ardeur ;
Je pourrois bien ici répondre de son cœur,
Et ce n'est qu'un devoir d'une pure obéissance
Qui retient jusqu'ici son esprit en balance.

SCENE II.

LE CHEVALIER, VALERE,
CLARICE.

LE CHEVALIER.

AH, mon oncle, parbleu je vous trouve à
        propos
Pour vous laver la tête, & vous dire deux mots.
                VALERE.
Le début est nouveau.

LE CHEVALIER.

Se peut-il qu'à vôtre âge
Vous n'ayez pas encore les airs d'un homme sage ?
Si j'en faisois autant, je passerois chez vous
Pour un franc étourdi ; La la , répondez-nous.

VALERE.

J'ai tort , mais …..

LE CHEVALIER.

Mais , mais , mais.

CLARICE.

Quelle est vôtre querelle?

LE CHEVALIER.

Je m'êtois introduis tantôt chez Isabelle ,
Que j'aime à la fureur , & qui m'aime encor plus,
J'y passois pour un autre , & Monsieur là-dessus
Est venu brusquement gâter tout le mistere ,
Et m'a mal à propos fait connoître à la mere.
Parlez ? n'est-il pas vrai ?

VALERE.

D'accord, mon cher neveu ,
Mais je réparerai ma faute.

LE CHEVALIER.

Eh , ventrebleu !
C'est un étrange cas. Faut-il que la jeunesse
Aprenne maintenant à vivre à la vieillesse ,
Et qu'on trouve des gens avec des cheveux gris
Plus étourdis cent fois que nos jeunes Marquis ?
Je n'y connois plus rien dans ce siecle où nous
        sommes ,
Il faut fuïr dans les bois, & renoncer aux hommes.

VALERE.

Je veux vous marier , & vôtre sœur aussi,

LE CHEVALIER.

Ma sœur , vous vous mocquez.

VALERE.

Pourquoi donc ce souci ?

LE CHEVALIER.

Quelle injustice, O Ciel ! On me vole, on me
pille.
Cela n'est point dans l'ordre, & l'on sçait qu'une
fille
Pour enrichir un frere, en faire un gros Seigneur,
Doit renoncer au monde.

CLARICE.

On connoît ton bon cœur,
Et je sçai qui t'oblige à parler de la sorte,
C'est l'amour de mon bien.

LE CHEVALIER.

Ouï, le Diable m'emporte.

VALERE.

Je prétens lui donner cinquante mille écus,
Vous reservant à vous de mon bien le surplus,
Et je veux aujourd'hui terminer cette affaire.

SCENE III.

LE CHEVAEIER, CLARICE.

LE CHEVALIER.

VEux-tu que sur ce point je m'explique en
bon frere ?
Tu sçais bien qu'entre nous, nous parlons assez net,
Un hymen quel qu'il soit n'est point du tout ton
fait.

Te

Te voilà faite au tour , nul soin ne te travaille ,
Et le premier enfant te gâteroit la taille.
Crois-moi , le mariage est un triste métier.

CLARICE.

Mon frere , cependant tu veux te marier.

LE CHEVALIER.

Le devoir d'une femme engage à mille choses ;
On trouve mainte épine où l'on cherchoit des
     roses ,
Le plaisir de l'hymen est terrestre & grossier.

CLARICE.

Mon frere , cependant tu veux te marier.

LE CHEVALIER.

Parlons à cœur ouvert , & confessons la dette ,
Je suis un peu coquet , tu n'es pas mal coquette ,
Nôtre mere l'étoit , dit-on , en son vivant ,
Nous chassons tous de race , & le mal n'est pas
     grand :
Si quelqu'amant venoit fraper ta fantaisie ,
Tu pourois avec lui faire quelque folie.

CLARICE.

Mon frere , cependant . . .

LE CHEVALIER.

                    Tu vas te récrier.
Mon frere , cependant tu veux te marier.
Quel diable ? tu répons toujours la même prose.

CLARICE.

Mais tu me dis aussi toujours la même chose.

G

SCENE IV.

LE CHEVALIER , CLARICE, LISETTE.

LISETTE.

BOnjour , Monsieur , depuis vôtre maudit jar-
gon
La Madame Grognac est pire qu'un dragon ,
Et je viens vous chercher ici pour vous aprendre
Qu'elle veut dés ce soir finir avec Leandre.
Elle m'a commandé de lui faire venir
Un Notaire.

LE CHEVALIER.

Bon , bon , il faut la prévenir.

LISETTE.

Ah ! vous voilà , Madame , hé dites-moi de grace,
Au cabinet encor venez-vous prendre place ?
Quelque nouvel amant en dépit des jaloux ,
Vous donne-t'il ici quelqu'autre rendez-vous ?

LE CHEVALIER.

Comment un rendez-vous ? que dis-tu ? prens bien
garde ,
C'est ma sœur.

LISETTE.

Vôtre sœur , peste quelle égrillarde !

CLARICE.

Pour faire une réponse aux termes d'un billet
Leandre a bien voulu m'ouvrir son cabinet ,

Où j'ai trouvé d'abord Isabelle enfermée.
LE CHEVALIER.

Isabelle !

CLARICE.
Et Lisette.
LE CHEVALIER.
                    Ah , petite rusée.
Avant le mariage on me fait de ses tours ,
L'augure est vraîment bon pour nos futures
    amours.
LISETTE.
Ici mal à propos vôtre esprit se gendarme ,
Le mal est donc bien grand pour faire un tel va-
    carme ;
Ne vous souvient-il plus du Maître Italien ,
Et de cette courante à contre-cœur ?
LE CHEVALIER.
                    Hé bien ?
LISETTE.
Hé bien , pour éviter le retour de la Dame
Qui pestoit contre nous , & juroit dans son ame ,
Nous avons fait retraite au cabinet sans bruit ,
Clarice est arrivée en ce même réduit
Pour écrire une lettre , & voilà le mistere.
LE CHEVALIER.
L'une écrit une lettre , & l'autre fuit sa mere ,
Et toutes deux d'abord s'en vont chez un garçon ?
C'est prendre son parti , l'asile est vraîment bon.

CLARICE.

Lisette , tu remets le calme dans mon ame ,
Mon soupçon se dissipe , & fait place à ma flâme;
Peut-être à tes discours j'ajoute trop de foi ,
Mais Leandre aujourd'hui triomphe encor de moi.

LE CHEVALIER *l'arrêtant.*

Ecoute donc, ma sœur.

CLARICE.

Que me veux-tu, mon frere?

LE CHEVALIER.

Mets-toi dans un Couvent, tu ne sçaurois mieux
faire.

CLARICE.

Je prens comme je dois tes conseils là-deſſus,
Mais l'avis ne vaut pas cinquante mille écus.

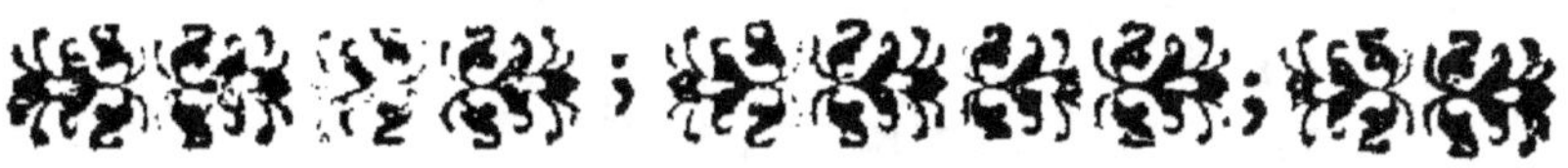

SCENE V.

LE CHEVALIER, LISETTE.

LISETTE.

Voilà ce que me vaut ta legere cervelle,
Le maudit inſtrument qu'une langue femelle!
De ſes ſoupçons jaloux pourquoi la gueris-tu?

LISETTE.

Comment de ma Maîtreſſe effleurer la vertu!
J'entens venir quelqu'un, adieu, je me retire.

SCENE VI.

LEANDRE, CARLIN, LE CHEVALIER.

LE CHEVALIER.

C'Est Leandre, tant mieux, j'ai deux mots à
  lui dire.
Un fort heureux, Monsieur, vous presente à mes
  yeux.

LEANDRE.

Peut-être elle poura revenir en ces lieux.

LE CHEVALIER.

Je sçai que vous voulez devenir mon beau-frere,
C'est fort bien fait à vous, ma sœur a dequoi
  plaire :
Elle est riche en vertus, pour en argent comptant,
Je crois, sans la flater, qu'elle ne l'est pas tant.
Quand mon pere mourut, il nous laissa pour
  vivre
Ses dettes à payer, & sa maniere à suivre,
C'est, comme vous voyez, peu de bien que cela.

LEANDRE.

Et n'avez-vous jamais eu que ce pere-là ?

LE CHEVALIER rit.

Comment ?

LEANDRE.

Que cette sœur, Monsieur, j'ai voulu dire.

CARLIN.

L'erreur est pardonnable, il ne faut point tant rire.

LE CHEVALIER.
Je sçai vôtre naissance & vôtre probité ,
Et je suis fort content de vous par ce côté,
Vous n'avez qu'un deffaut qui par tout vous dé-
  cele,
Dans le fond cependant c'est une bagatelle ;
Mais je serois content de vous en voir défait.
Vous êtes accusé d'être un peu trop distrait ,
Et tout le monde dit que cette létargie
Fait insulte au bon sens , & vise à la folie.
LEANDRE.
Chacun ne peut pas être aussi sage que vous.
Tous les hommes , Monsieur , sont differemment
  foux ,
Chacun a sa folie , & j'ai grace à vous rendre
De ne trouver en moi qu'un deffaut à reprendre.
LE CHEVALIER.
Ce que je vous en dis n'est que par amitié,
Et je vous trouve moi trop sage de moitié.
On ne m'entend jamais censurer ni médire ,
Et je ne dis ici que ce que j'entens dire.
LEANDRE.
On parle volontiers ; mais un homme d'esprit
Doit donner rarement creance à ce qu'on dit.
De loüanges & d'encens les hommes sont avares
Ils font rarement grace aux vertus les plus rares ,
Au lieu qu'avec plaisir d'une langue sans frein
De leurs traits médisans ils chargent le prochain.
Je suis toujours en garde , & n'ai pas voulu croire
Cent bruits semez de vous fâcheux à vôtre gloire,
LE CHEVALIER.
Que peut-on , s'il vous plaît , Monsieur , dire de
  moi ?
On n'insultera pas ma naissance , je croi.

LEANDRE.

Non.

LE CHEVALIER.
Nul dans l'Univers ne peut dire, je gage,
Que dans l'occasion je manque de courage.

LEANDRE.

Non.

LE CHEVALIER.
Peut-on m'accuser d'être fourbe, flateur,
Fat, insolent, ingrat, suffisant, imposteur.

LEANDRE.
Il prend sa tabatiere, la renverse : prend ses gants
pour son mouchoir.
Non, vous dis-je, Monsieur, & je ne vois personne
Qui de ces vices-là seulement vous soupçonne,
Mais on ne me dit pas de vous autant de bien
Que je souhaiterois. On dit, je n'en crois rien,
Qu'en discours vous prenez un peu trop de licence;
Qu'on ne peut se souftraire à vôtre médisance';
Que vous parlez toujours avant que de penser ;
Que tout vôtre mérite est de chanter, danser ;
Que pour vous faire croire homme à bonne for-
      tune ,
Vous passez en hyver les nuits au clair de lune ;
A souffler dans vos doigts, & prendre vos ébats
Sous la porte d'Iris qui ne vous connoît pas.
Que souvent vous prenez trop de vin de Champa-
      gne ,
Et qu'il faut que toujours quelqu'un vous accom-
      pagne
Pour pouvoir vous montrer vôtre chemin la nuit,
Et même quelquefois vous reporter au lit.
Enfin que sçais-je moi, l'on charge ma mémoire
De cent mauvais récits que je ne veux pas croire.

Et tout homme prudent doit se garder toujours
De donner trop de crédit à de mauvais discours.
   LE CHEVALIER *sort en dansant.*
Adieu, Carlin, adieu.
    CARLIN.
     Monsieur de la musique,
Redites-nous encor ce petit air bachique.

SCENE VII.

LEANDRE, CARLIN.

CARLIN.

VOus avez fort bien fait de lui river son clou.
 C'est bien à faire à lui de vous appeller fou,
Et vous deviez encor lui mieux laver la tête.
    LEANDRE
J'ai bien un autre soin qui m'occupe & m'arrête.
Tu t'imagines bien que Clarice en couroux
Se livre toute entiére à ses transports jaloux,
Et m'accable des noms d'ingrat & d'infidele ;
D'une autre part aussi que peut dire Isabelle ?
    CARLIN.
Vous avez tort. Faut-il que chaque instant du
  jour
Voître distraction nous fasse quelque tour ?
Vous avez de l'esprit & de la politesse,
Vous raisonnez par fois comme un sage de Grece,
Et d'autrefois aussi vos faits & vos raisons
Vous font croire échapé des Petites-maisons.

LEANDRE.

Mais fçais-tu bien, maraut, qu'avec ta remon-
    trance,
Tu te feras chasser.

CARLIN.

Monsieur, en conscience,
Je ne veux point du tout ici vous corriger.

LEANDRE.

Ma maniere est fort bonne, & n'en veux point
    changer;
Je ne ressemble point aux hommes de nôtre âge
Qui masquent en tout temps leur cœur à leur vi-
    sage,
Mon deffaut prétendu, mon peu d'attention
Fait la sincerité de mon intention.
Je ne prépare point avec effronterie
Dans le fond de mon cœur d'indigne manterie;
Je dis ce que je pense & sans déguisement;
Je suy sans refléchir mon premier mouvement.
Un esprit naturel me conduit & m'anime,
Je suis un peu distrait, mais ce n'est pas un crime.

CARLIN.

Ce n'est pas un grand mal. Pour être bel esprit,
Il faut avec mépris écouter ce qu'on dit,
Rêver dans un fauteüil, répondre en coq-à-l'ânes,
Et voir tous les mortels ainsi que des prophanes.
Au suprême degré vous avez ce deffaut,
Et bien d'autre encor.

LEANDRE.

Pendant ce couplet il ôte la cravate à son valet
    par distraction.

Te tairas-tu, maraut...
Un cerveau foible, étroit, qui ne tient qu'une chose,
Peut répondre en tout temps à ce qu'on lui pro-
    pose,

Mais celui qui comprend toujours plus d'un objet
Peut bien être excusé s'il est un peu distrait.

CARLIN *remet sa cravatte.*

Je vous excuse aussi ; mais permettez de grace
Que je remette ici chaque chose en sa place,
Il n'est pas encor temps que je m'aille coucher.

LEANDRE *déboutonne son valet.*

C'est le moindre defaut qu'on puisse reprocher.
Est-il juste aprés tout qu'on s'asujettisse
A répondre à cent sots selon leur caprice ?
Ce qu'on pense vaux mieux cent fois que leur
    discours,
J'irois de ma pensé interrompre le cours
Pour un jeune étourdi qui me rompt les oreilles
De ses travaux fameux , d'amour & de bouteilles ;
Pour un plaisant qui vient de son bruit m'enyvrer ,
Qui croit me faire rire , & qui me fait pleurer ;
Pour un fastidieux qui n'a pour l'ordinaire
Ni le don de parler , ni l'esprit de se taire.

CARLIN *Remettant son juste-au-corps.*
Mais voyez , je vous prie , quelle distraction.

LEANDRE.
Je crains pour mon amour quelque alteration,
La belle est en couroux , toute mon innocence
Ne me rassure pas , & je crains sa presence.

CARLIN.
Je vous dirai, Monsieur, pour vous sortir d'embaras
Comme ordinairement j'en use en pareil cas,
Il faudroit qu'une lettre écrite d'un beau stile
Pût vous rendre prés d'elle un accés plus facile.
Mandez-lui que tantôt ce que vous avez fait ,
N'est qu'un coup d'étourdi.

LEANDRE.

Je serai satisfait
Si la lettre produit l'effet que tu l'espetes.

CARLIN.

Une lettre, Monsieur, remet bien des affaires,
Et trois ou quatre mots en hâte barboüillez
Font souvent embrasser des amans bien broüillez.

LEANDRE.

En cette occasion, Carlin je te veux croire,
Va vîte me chercher la table & l'écritoire.

CARLIN.

Je vais, je cours, je vole, & je reviens à vous.

SCENE VIII.

LEANDRE *seul.*

JE veux la rassûrer de ses soupçons jaloux,
Dissiper son erreur, oüi, charmante Clarice,
Vous verrez que mon cœur dépouillé d'artifice
Ne brûle que pour vous d'un veritable feu,
Et ma main sur le champ en va signer l'aveu.

SCENE IX.

CARLIN, LEANDRE.

CARLIN *lui presentant un livre.*

TEnez, Monsieur, voilà …
                    LEANDRE.
                    Comment, es-tu donc yvre?
Pour écrire un billet tu m'aportes un livre.
                    CARLIN.
Ah! vous avez raison. On heurle avec les loups,
Et je serai bien-tôt aussi distrait que vous,
Vôtre absence d'esprit est une maladie.
Qui se gagne aisément.
                    LEANDRE.
                    Et tais-toi, je te prie,
Ne me fatigue point par tes mauvais discours,
Les valets sont fâcheux, & font tout à rebours.
                    CARLIN *aportant une table & une*
                    écritoire.
Pour écrire à ce coup j'apporte toute chose.
                    LEANDRE *s'assit pour écrire.*
Donne-moi promptement.
                    CARLIN.
                    Voyons de vôtre prose,
Si pour vous d'Apollon les tresors sont ouverts,
Vous pouvez même aussi vous escrimer en vers,
En Sonnet, en Balade, en Ode, en Elegie,
Le sexe aime les vers.
                    LEANDRE.

LEANDRE.

Il change plusieurs fois de plume qu'il trempe
dans la poudre pour le cornet.

Quelque mauvais genie
Des plumes que je prens vient empêcher l'effet.

CARLIN.

Je le crois bien, Monsieur, car voilà le cornet,
Et dans le poudrier vous trempiez vôtre plume.

LEANDRE.

Tu peux avoir raison, c'est contre la coutume.

CARLIN.

L'écriture est un art bien utile aux amans,
Petits soins, rendez-vous, doux racommodemens,
Promesses d'épouser, plainte, douceur, rupture,
Tout cela se trafique avec l'écriture.
Si le papier qui sert aux amoureux billets
Coûtoit comme celui qu'on employe au Palais,
Cette ferme en un an produiroit plus de rente
Que le papier timbré ne peut rendre en quarante.

LEANDRE *renverse sur sa*
lettre le cornet pour la poudre.

Ma lettre est achevée.

CARLIN.

Ah, perdez-vous l'esprit ?
Vous versez à grans flots l'ancre sur vôtre écrit.
Quelle est donc, s'il vous plaît, cette façon de
peindre ?

LEANDRE.

De mon esprit trop prompt, c'est à moi de me
plaindre.

CARLIN *montrant la lettre.*

Le bel écrit ma foi pour un traité de paix,
On croira qu'un démon en a formé les traits,

H

Les Experts écrivains s'y donneront au diable,
Je tiens dés à present la lettre indéchiffrable.

LEANDRE *se remet à écrire.*

Il faut recommancer, le mal n'est pas bien grand,
Je ne plains point, Carlin, la peine que je prens.

CARLIN.

C'est tres-bien fait , mais moi, je plains fort
Isabelle.

LEANDRE

Isabelle.

CARLIN.

Ouï , Monsieur.

LEANDRE *écrivant.*

Ne me parle point d'elle.

CARLIN.

Soit. Quand d'une cruelle on veut toucher le cœur,
C'est un stile éloquent qu'un billet au porteur
Qui vaut mieux qu'un discours répli de fariboles ,
Si vous vous en serviez ?

LEANDRE.

Fais trêve à tes paroles.

CARLIN.

Quand une belle voit comme par suplément
Quatre doigts de papier plié bien proprement
Hors du corps de la lettre , & qu'avant sa lecture ,
Car c'est toujours par là que l'on fait l'ouverure ,
On voit du coin de l'œil sur ce petit papier,
Monsieur, par la presente il vous plaira payer
Deux mille écus comptant aussi-tôt lettre veuë
A Damoiselle en blanc, d'elle valeur recûë,
Et Dieu sçait la valeur. Un discours aussi rond
Fait taire l'éloquence & l'art de Ciceron.

LEANDRE *écrivant.*

Cela peut être vrai pour de serviles ames
Qui trafiquent d'un cœur

CARLIN.

Aujourd'hui bien des femmes
Se mêlent du traficq.

LEANDRE.

J'ai fini, je n'ai plus
Qu'à cacheter ma lettre, & mettre le deſſus.

CARLIN.

Le Ciel en ſoit loué , me voilà hors de criſe.
Je tremblois de vous voir faire quelque mépriſe ,
Vous avez plus d'eſprit que je ne l'euſſe crû ,
Et j'attendoit encor un trait de vôtre cru.

LEANDRE.

Tu deviens inſolent.

CARLIN.

Ce n'eſt que par tendreſſe.

LEANDRE.

Tien , porte de ce pas la lettre à ſon adreſſe.
De ton zéle empreſſé j'attens tout dans ce jour ,
Et me remets ſur toi du ſoin de mon amour.

CARLIN.

Pour vous ſervir plus vîte en cette conjoncture
Je m'en vais emprunter les aîles de Mercure.

SCENE X.

CARLIN *seul.*

ALlons nous acquiter de nôtre honneste emploi,
Remettons deux amans . . . . mais qu'est-ce
    que je voi ?
Pour Isabelle O Diable ? aurois-je la berluë ?
Quelque nuage épais m'obscurcit-il la veuë ?
Mais non , j'ai , grace au Ciel , encore deux bons
    yeux.
Monsieur , Monsieur. Il est déja loin de ces lieux.
Il me semble pourtant que selon tout indice ,
Le billet que je tiens doit aller à Clarice ,
Mais le nom d'Isabelle est peint sur ce papier.
Ne me joüeroit-il point un tour de son métier ?
Il se peut faire aussi qu'il instruise Isabelle
De l'état de son cœur , & qu'il rompe avec elle ;
Lui donne en peu de mots son congé par écrit ?
Oüi , voilà ce que c'est , & le cœur me le dit.
Ah , qu'un Maître est heureux quand un valet
    habile
A la conception & legere & facile !
Il peut le fourvoyer sans rien aprehender ,
Et de tels serviteurs sont nez pour commander.

Fin du quatriéme Acte.

ACTE V.

SCENE PREMIERE.

ISABELLE, LISETTE, CARLIN.

ISABELLE *tenant une lettre ouverte.*

Roit-il que de mon cœur je fois
    embarassée,
Et que de l'engager on ait eu la pen-
fée.
CARLIN.
Je ne dis pas cela.
LISETTE.
            Dans fon petit cerveau
Penfe-t'il que l'on foit bien tenté de fa peau,
Et de la tienne auffi ?
CARLIN.
                Je ne l'ai pas trop rude.
ISABELLE.
Pour m'outrager encor il a mis tant d'étude
A m'offrir un billet pour Clarice dicté.
CARLIN *à part.*
Le traître a fait le coup, je m'en fuis bien douté.

ISABELLE.
Mon parti sur ce point est fort facile à prendre.

CARLIN.
Madame écoutez-moi.

ISABELLE
Je ne veux rien entendre.

CARLIN.
Mais de grace un seul mot.

LISETTE.
Sors d'ici, malheureux,
Va-t'en porter ailleurs ton cartel amoureux.

CARLIN.
On ne traitta jamais un courier de la sorte.

LISETTE.
Détallons.

CARLIN.
Vous sçaurez....

LISETTE.
Gagneras-tu la porte.

CARLIN.
Mais tu pers le respect, je suis Ambassadeur.

LISETTE.
Sortiras-tu d'ici, postillon de malheur,
Il est enfin parti malgré son éloquence,
Mais d'un autre côté le Chevalier s'avance.

SCENE II.

LE CHEVALIER, ISABELLE, LISETTE.

LE CHEVALIER.

HE' bien la mere encor fait-elle le lutin ?
Pourons-nous nous souftraire à son brusque
chagrin ?
ISABELLE.
Vous sçavez son humeur. Ah juste Ciel , je trem-
ble !
Elle peut revenir & nous trouver ensemble.
LE CHEVALIER.
Que ce soin ne vous fasse aucune impression ,
Je vous prens en ces lieux sous ma protection.
N'êtes-vous pas ma femme ? & pour hâter les
choses
J'ai dressé le contract moi-même avec les clauses,
Dont mon oncle est porteur.
LISETTE.
					Tout est bien avancé ,
Puisque déja par vous le contract est dressé ,
Et l'auveu de la mere est une bagatelle,
ISABELLE.
Nous aurons de la peine à venir à bout d'elle.
LE CHEVALIER.
Avant d'accorder tout à mon juste transport ,
Je veux sur son esprit faire un dernier effort ;

Me jetter à ses pieds, lui dire mes allarmes,
Crier, gémir, pleurer, car j'ai le don des larmes.
Lifette m'apuyera, malgré fon air chagrin
Nous la flaterons tant, qu'il faudra bien enfin
Qu'elle me céde un bien dont mon amour eft digne.

LISETTE.

Bon, bon, plus on la flate, & plus elle égratigne,
C'eft un efprit rétif, & qu'on ne réduit pas,
Mais je vois vôtre fœur tourner ici fe pas.

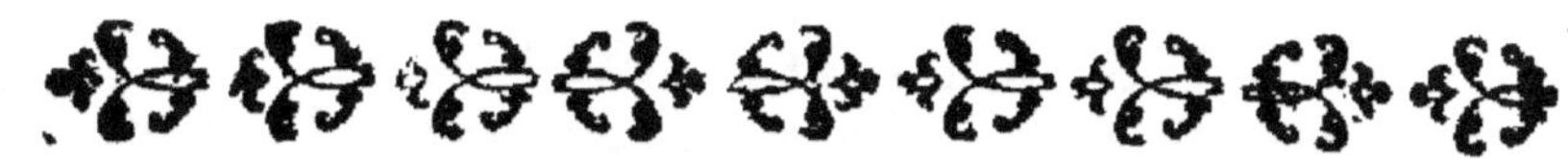

SCENE III.

LE CHEVAEIER, CLARICE, ISABELLE, LISETTE.

LE CHEVALIER.

HE' bien ma chere fœur, quel foin ici t'amei-
ne ?
Et quelle intention eft maintenant la tienne ?
As-tu pris ton parti?

CLARICE.

J'efpere qu'à la fin
Mon oncle avec Leandre unira mon deftin.

ISABELLE.

Tant mieux, mais puifqu'enfin vous époufez
Leandre,
L'amitié, la raifon m'obligent à vous rendre
Un billet amoureux qu'il m'écrit, le voici.

CLARICE,

De Leandre ?

ISABELLE.
De lui.
LE CHEVALIER.
                    Quel rôle fais-je ici ?
Un Rival odieux auroit pû vous écrire ?
ISABELLE.
De ce qui s'eſt paſſé je ſçaurai vous inſtruire,
Suivez-moi ſeulement , & demeurez en paix ;
Tenez voilà la lettre & le cas que j'en fais.
Adieu.
            LE CHEVALIER.
        Bon ſoir , ma ſœur. Il faut aller , Madame,
Faire un dernier effort pour couronner ma flâme.

SCENE IV.

CLARICE *ſeul.*

L'Ai-je bien entendu ? dois-je en croire mes
        yeux ?
Mais je puis ſur le champ m'en éclaircir encor
        mieux.
Liſons : *Pour Iſabelle.* O Ciel , je ſuis trahie !
Je vois, je tiens , je ſens toute ſa perfidie,
Mais je vois ſon valet. Aproche , monſtre affreux,
Miniſtre impertinent d'un Maître malheureux ,
A qui va cette lettre ? eſt-ce pour Iſabelle.

SCENE V.

CARLIN, CLARICE.

CARLIN.

MAdame, c'eſt pour elle, & ce n'eſt pas pour
elle.

CLARICE.

Avec ces vains détours penſes-tu me tromper ?
Voyons. Demeure là , ne crois pas m'échaper.

Elle lit.

*Je ſuis au deſeſpoir , Mademoiſelle , que
l'avanture du cabinet vous ait donné quelque
ſoupçon de ma fidelité.*

Vien-ça , maraut , répond , parle.
Elle le prend par la cravatte.

CARLIN.

Miſericorde.
Cette lettre eſt pour nous la pome de diſcorde.
Ouf, aye. Je n'en puis plus , vous ſerrez le ſiflet.
Mais du moins juſqu'au bout liſez le billet.

CLARICE.

Que je liſe, maraut ! que veux-tu qu'il m'aprenne ?
De ſes déloyautez ne ſuis-je pas certaine ?

CARLIN.

Si mon Maître eſt ingrat,puis-je mais de cela ?
Mais s'il vient vous pouvez l'étrangler : le voilà.

SCENE VI.

LEANDRE, CLARICE, CARLIN.

CLARICE.

J'Ai peine en le voyant à tenir ma colere.

CARLIN

Ne parlons pas trop haut de peur de le diſtraire.

CLARICE.

Vous voilà donc, Monſieur ? cherchez-vous en
ces lieux
Que ma Rivale encor ſe preſente à mes yeux ?

LEANDRE.

Ah, Madame, à propos avez-vous lû ma lettre ?

CLARICE.

Ouï, traître, ma Rivale a ſçu me la remettre,
Je la tiens d'Iſabelle, & le cas qu'elle en fait
Peut me vanger aſſez de ton lâche forfait.

LEANDRE.

Un autre que Carlin en vos mains l'a remiſe ?
Le maraut ! je ſçaurai châtier ſa mépriſe :
Je le roûrai de coups, le coquin tous les jours
Laſſe ma patience, & me fais de ces tours.
Je le vois. Vien-ça, traître, aux dépens de ta vie
Je veux tirer raiſon de cette perfidie.
Tu mouras de ma main.

CRRLIN.

Ah, Monſieur, doucement.
Grace, je n'ai point fait encor mon teſtament.

Non, je n'ai jamais vû de piece d'écriture
Faire tant de procés.

LEANDRE.

Parle fans impofture,
Qu'as-tu fait de ma lettre, & quel affreux demon
Te pouffe à me trahir d'une telle façon.

CARLIN.

Moi, Monfieur, vous trahir ! je vous fers avec
zele,
Je l'ai mife avec foin dans les mains d'Ifabelle.

LEANDRE *tirant fon épée.*

Et voilà pour ta mort l'arreft tout prononcé.

CARLIN.

Quelle faute ai-je fait ?

LEANDRE.

Quelle faute, infenfé.

CARLIN.

Ouï, vous avez raifonde vous faire juftice.

LEANDRE.

Ne t'avois-je pas dit de le rendre à Clarice ?

CARLIN.

A Clarice, Monfieur ? je veux être pendu
Si je me reffouviens de l'avoir entendu.

LEANDRE.

Mais le deffus écrit fuffit pour te confondre.
A ce témoin muet que pouras-tu répondre?
Pour lui faire fentir fon peu de jugement,
De grace preftez-moi cette lettre un moment.

Il prend la lettre.

CARLIN.

Bon, c'eft où je l'attens.

LEANDRE.

Vien, tête fans cervelle,
Ly avec moi, bourreau, ly donc....pour Ifabelle.

CARLIN.

CARLIN.

Pouph ! Il faut l'avoüer, vous avez à mon gré
La prefence d'efprit au fuprême degré.
Ly donc, boureau, ly donc.

LEANDRE.

Ah de grace, Madame !
Pardonnez mon erreur en faveur de ma flâme,
Mon cœur n'a point de part au crime de ma main.

CLARICE.

Vous tâchez, inconftant, à me féduire en vain,
Mais je ne reçois point un groffier artifice.

CARLIN.

Je répons pour mon Maître, il n'a point de malice,
Et s'il n'étoit point fou, je veux dire diftrait,
Ce feroit je vous jure un garçon tout parfait.

LEANDRE.

Mais fi vous avez lu le dedans de ma lettre,
De ces foupçons cruels elle a dû vous remettre.

CLARICE.

Ma curiofité m'en a fait lire affez,
Je n'en ai que trop lû.

CARLIN.

Mon dieu, recommencez,
En changeant le deffus nous changeons bien la
    thefe :
Vous avez le bras bon, foit dit par parenthefe.

CLARICE *lit.*

*Je fuis au defefpoir que l'avanture du cabinet
vous ait pu donner quelque foupçon de ma
fidelité. Vôtre Rivale ne fervira qu'à rendre
vôtre triomphe plus parfait. Monfieur, par*

I

la presente il vous plaira payer à Demoiselle
en blanc , d'elle valeur reçûë , & Dieu sçait
la valeur.

CARLIN.

Fy donc , Madame , fy , vous mocquez-vous de
  moi ?
Cela n'est point écrit.
CLARICE.
Voy donc.
CARLIN.
            Ah , par ma foi ,
Vôtre méprise ici me paroit fort étrange.
Quoi! vos billets d'amour sont des lettres de châge?
Vous aurez bien-tôt fait vôtre paix à ce prix.
LEANDRE.
C'est ce malheureux-là qui pendant que j'écris
M'embarasse l'esprit de ses impertinences.
CARLIN.
J'ai diablement d'esprit ,on écrit mes sentences.

CLARICE *continue de lire.*

  Oüi , belle Clarice , je n'adore que vous ,
& fais tout mon bonheur de vous aimer le
reste de ma vie.

CARLIN.
Vous trouvez maintenant les termes plus cou'ans,
Et vous ne venez plus étrangler les gens.
CLARICE.
Je respire ! Ah ! Carlin , c'est une joye extrême
De trouver innocent un coupable qu'on aime ,
Et que sans nul effort on fait un prompt retour
Des mouvemens jaloux aux transpors de l'amour.

LEANDRE.

A mes distractions faites grace, Madame,
Nul autre objet que vous ne regne dans mon ame.

CARLIN.

C'est une verité, le plaisir qu'il reçoit
Fait qu'il ne vous croit pas où souvent il vous voit.
Voici Monsieur vôtre oncle, à vos vœux tout
conspire.

SCENE VII.

**VALERE, LEANDRE, CLARICE,
CARLIN.**

VALERE.

Avec empressement, Monsieur, je viens vous
dire
Que mon plaisir seroit de pouvoir en ce jour
Au gré de vos souhaits contenter vôtre amour.

LEANDRE.

Je crois qu'à mes désirs vous n'êtes point contraire.

VALERE.

Je donne volontiers les mains à cette affaire,
Mais il faut du dédit encor vous délier,
Et procurer de plus l'hymen du Chevalier.
Nous nous trouvons toujours dans une peine ex-
tréme.

CARLIN.

Il me vient dans l'esprit un petit stratagême,

La vieille ne fongeoit dans vôtre engagement
Qu'au bien qu'on vous devoit laiffer par teftament.

LEANDRE.

Non fans doute.

CARLIN.

L'on peut dreffer quelque machine,
Faire joüer fous main quelque fecrette mine.

VALER·E.

J'ai déja dans ma poche un contract.

CARLIN.

Bon, tant mieux,
La mere ne fçait point que je fuis en ces lieux :
Elle ne m'a point vû, je puis aifément dire
Ce que pour vous fervir mon adreffe m'infpire.

VALERE.

Mais crois-tu ? . . . .

CARLIN.

Laiffez-moi, l'affaire eft dans le fac.

VALERE.

J'entens venir quelqu'un, c'eft Madame Grognac.

CARLIN.

Je vais tout preparer pour que la mine joüe,
Et vous, ne manquez pas de pouffer à la roüe.

SCENE VIII.

Me GROGNAC, LE CHEVALIER, LEANDRE, CLARICE, VALERE.

LE CHEVALIER.

LE deſſein en eſt pris, je ne vous quitte point
Que je ne ſois ſatisfait ſur ce point.
Je prétens malgré vous devenir vôtre gendre :
Vous ne ſçauriez mieux faire, & pour vous en
    deffendre
Vous avez beaux jurer, peſter, tempeſter.

Me GROGNAC.

                      Ouais,
Je vous trouve plaiſant, au gré de mes ſouhaits
Je ne pourai donc pas diſpoſer de ma fille ?
Je ne veux point, Monſieur, d'un fou dãs ma famille.

LE CHEVALIER.

La la.... doucement.

Me GROGNAC.

Paix.

ISABELLE.

Ma mere.

Me GROGNAC.

                    Taiſez-vous.

LE CHEVALIER.

Un peu de naturel.

Me GROGNAC.

Non.

VALERE.

Calmez ce couroux.

Me. GROGNAC.

Vous, calmez, s'il vous plaist, vôtre langue in-
discrette ;
Ennuyeux, harangueur. C'est une affaire faite,
Monsieur sera mon gendre, & pour me délivrer
Des importunitez qui pouroient trop me durer,
J'ai mandé tout exprés en ces lieux un Notaire.

LE CHEVALIER.

Moi, je m'inscris en faux contre ce qu'il peut
faire.

Me GROGNAC.

Mais où sommes-nous donc ! Vous, Monsieur le
distrait
Vous êtes là de bout planté comme un piquet.

VALERE.

Il ne répond point trop aux offres que vous faites.

Me GROGNAC.

Monsieur, guerissez-vous des soucis où vous êtes :
Quand il ne voudroit point encore se marier,
Je n'aurai point recours à vôtre Chevalier,
Un fat dont la conduite est toute impertinente.

VALERE *à part*.

Et qui lui fait danser quelquefois la courante.

Me GROGNAC.

Un petit libertin qui doit de tous côtez,
Un étourdi fieffé.

LE CHEVALIER.

Passons les qualitez,
Cela ne rendra pas le contract moins valide.

SCENE DERNIERE.

Mc GROGNAC, VALERE, ISABELLE,
CLARICE, LE CHEVALIER, LEANDRE,
LISETTE, CARLIN *en Courier.*

LISETTE.

Place, place au Courier qui vient à toute bride.

CARLIN.

Ah, Monsieur, vous voilà ! quelle fatalité ! . . .
Vôtre oncle ici m'envoye . . . . ouf je suis éreinté,
Pour vous dire . . . . attendez.

CLARICE.

Tu nous fais bien attendre.

LEANDRE.

N'as-tu point de sa part quelque lettre à me rendre?

CARLIN.

Non ! depuis qu'il est mort le deffunt n'écrit plus.

LE CHEVALIER *riant.*

C'est Carlin.

CARLIN.

Ah, Monsieur, vos ris sont superflus ,,
De vos pleurs bien plutôt lâchez ici la bonde
En aprenant le coup le plus fatal du monde,
Et qui fera trembler les pâles heritiers
Jusques dans l'avenir de nos neveux derniers.

CLARICE.

Dis-nous donc si tu veux cette occasion si noire.

CARLIN.

La volonté de l'homme est bien ambulatoire,
A grand peine au bon homme aviez-vous dit adieu,
Qu'il a fait appeller le Notaire du lieu,
Et n'écoutant alors qu'un aveugle caprice,
Bien informé d'ailleurs que vous aimiez Clarice,
Et que vous deveniez réfractaire à ses loix
Refusant d'épouser celle dont il fit choix,
Sans avoir en mourant égard à ma priere,
Il a testamenté tout d'un autre maniere,
Et l'avare deffunt descendant au cercüeil
Ne vous a pas laissé dequoi porter le deüil.

Me GROGNAC.

Ah, juste Ciel, qu'entens-je !

CARLIN.

          O cruelle disgrace !
Nous voilà pour jamais réduits à la besace.

Me GROGNAC.

Le deffunt a bien fait, & je l'en aplaudis,
Il devoit à mon sens encore faire pis.

CARLIN.

Helas ! qu'auroit-il fait ?

Me GROGNAC.

          Ta plainte m'importune.
Vous, Monsieur, vous pouvez chercher ailleurs
    fortune,

Vôtre hymen à preſent ne me convient en rien ,
Pour épouſer ma fille il faut avoir du bien.

VALERE.

Mon neveu ne craint point la diſgrace cruelle
D'un pareil teſtament. S'il épouſe Iſabelle
Je lui donne à preſent mon bien aprés ma mort :
En faveur de l'amour faites , vous , cet effort.

Me GROGNAC.

Il eſt bien étourdi.

LE CHEVALIER.

Dans peu je me propoſe
De l'être encore plus ; ſi je vaux quelque choſe ,
C'eſt par là que je vaux , & par ma belle humeur.

Me GROGNAC.

Euh ! j'ai cette courante encore ſur le cœur.

VALERE.

Signez donc ce papier . . . : une plume , Liſette.

LISETTE.

Voilà tout ce qu'il faut.

Me GROGNAC *ſignant.*

C'eſt une affaire faite ,
Je ſignerai pourvû que vous me promettiez
Qu'il deviendra plus ſage , & que vous le ſigniez.

VALERE.

D'accord ! Vous pour le prix d'une juſte tendreſſe
Soyez heureux, Monſieur, je vous donne ma niéce.

Me GROGNAC.

Comment donc ? rêvez-vous , Monsieur ? êtes-
    vous-fou
De donner vôtre fille à qui n'a pas un sou ?

VALERE.

Il ne faut pas ici plus long-temps vous séduire,
Et vous me permettrez maintenant de vous dire
Que ce faux testament , Madame, n'est qu'un jeu
Inventé par Carlin pour tirer vôtre aveu.

Me GROGNAC.

Parle.

CARLIN.

    Le dénoûment est bien prest à se faire.

Me GROGNAC.

Ne nous as-tu pas dit que l'oncle en sa colere
A d'autres qu'à Leandre avoit laissé son bien.

CARLIN.

Ma foi je le crois : mais puisqu'il n'en est rien ,
Le Ciel en soit loüé.

Me GROGNAC.

        Je suis assassinée !

LISETTE.

Il ne faut point ici tant faire l'étonnée ,
C'est vous qui nous montrez à choisir un mari.
Quand vôtre époux jadis grand Gruyer de Berri.
Voulut vous enlever , vous le laissâtes faire ,
Vôtre fille est encor plus sage que sa mere.

Me GROGNAC.

Coquine !

ISABELLE.

Ecoutez-moi.

Me GROGNAC.
Taisez-vous, s'il vous plaist.
LE CHEVALIER.
J'ai si vous la grondez un menüet tout prest.
CARLIN.
Vous payrez le dédit, parbleu.
VALERE.
De bonne grace,
Puisque tout est signé, que la chose se fasse,
Pour aporter la paix & calmer vôtre esprit,
Je m'oblige pour vous à payer le dédit,
Et je donne de plus cette somme à ma niéce.
Me GROGNAC.
Je suis au desespoir, c'est à moi qu'on s'adresse
Pour faire de ces tours : Vous sçaurez en un mot
Que je ne donnerai pas cela pour sa dot.
Fasse qui le voudra les frais du mariage,
Vous l'avez commencé, finissez vôtre ouvrage,
Et je prétens de plus qu'en formant ces liens,
On les sépare encore & de corps & de biens.

Elle sort.
VALERE.
Rentrons, & sur le champ terminons cette affaire.
LE CHEVALIER.
Allons, embrassez-vous, vous ne sçauriez mieux
faire.
Vous serez belles-sœurs, mais sur tout gardez-vous
De prendre à l'avenir le même rendez-vous.

ISABELLE.
Lorsque j'en donnerai, je serai plus secréte.

CLARICE.
Un autre fois aussi je serai plus discréte.

LEANDRE.

Toi, Carlin, à l'inftant prépare ce qu'il faut
Pour aller voir mon oncle, & partir au plûtôt.

CARLIN.

Laiffez vôtre oncle en paix ; Quel diantre de lan-
gage,
Vous devez faire cette nuit un autre voyage.
Vous n'y fongez donc plus ? vous êtes marié.

LEANDRE.

Tu m'en fais fouvenir, je l'avois oublié.

CARLIN.

Ah Ciel, un jour de nôce oublier femme !
Cette erreur me paroît un peu digne de blâme :
Pour le lendemain paffe, & j'en vois aujourd'hui
Qui voudrois bien pouvoir l'oublier comme lui.

FIN.

9 782329 749907